KB200621

마음 살리기

마음살리기

윤종현

규장

삶의 모든 시절을 품고도 남는
하나님의 사랑

"하나님, 지금은 하나님이 저를 사랑하신다는 걸 알겠습니다. 하지만 그렇다면 제 어린 시절에도 저를 사랑하셨어야 하는 것 아닌가요?"

대학교 1학년 때 하나님 앞에 부르짖었던 기도가 지금도 선명하게 기억난다. 나는 소망 없는 인생을 살았던 사람이다. 어릴 때 내 마음에는 슬픔과 분노가 뒤섞여 넘실거렸다. 사업에 실패하고 난 후 집 밖으로 돌다 가끔씩 집에 들어오시는 아버지에 대한 분노, 그곳에 나를 남겨두고 떠나버린 어머니에 대한 미움이었다.

어머니가 떠난 후 나는 지하 단칸방에서 할머니와 동생과 함께 살았다. 그곳에서 연탄가스에 중독되어 죽을 뻔하기도 했고, 자고 있는 동안 홍수로 불어난 물에 집이 잠겨 위험에 처한 적도 있었다.

내 삶이 너무 창피해서 친구들과 어울리지도 못하고 혼자 마음 앓이 하며 지낸 시간이 얼마나 길었는지 모른다. 아무 소망도 없던 중학교 시절, 그나마 즐거움을 준 곳이 교회였다. 나를 받아주는 친구들이 있었고, 먹을 것이 있었다. 그게 내가 교회에 나갔던 이유다. 당연히 열심히 다녔을 리 없고, 헌금할 돈으로 만화를 보거나 오락실에서 시간을 보내기도 했다. 중학교 때는 고통을 해결하기 위한 최선의 방법이 죽는 것이라고 생각했기에 고통 없이 효과적으로 죽을 수 있는 방법을 연구하곤 했다. 다행히 실패했지만 말이다.

그러다 내가 고등학교 2학년 때 교회에서 부흥회가 열렸다. 부흥회 기간 내내 코빼기도 보이지 않는 나에게 담당 전도사님은 매일 연락을 주셨고, 미안한 마음에 마지막 날 억지로 참석했다. 그런데 뭔지 모르지만 예배가 끝났는데도 울음이 그치지 않아 집에 갈 수가 없었다. 그리고 얼마 후 열린 수련회에서 "사랑하는 종현아, 넌 날 사랑하느냐"라는 찬양 가사에 아무런 대답도 할 수 없어 대성통곡했다. 회심의 시작이었다.

곧이어 결정적인 사건이 일어났다. 전도사님이 비용까지 대주시며 한 선교단체의 전도학교에 참석하도록 권하신 것이다. 전도학교

의 일정은 예배와 기도, 소그룹 모임과 식사시간이 전부였다. 단조
롭고 지루하기 짝이 없었지만, 혼자서는 집으로 갈 방법이 없어서
어쩔 수 없이 눌러앉아 있었다.

그러다 금요일 밤, 구원 받기 원하는 사람은 손을 들라는 목사님
의 초청에 나도 모르게 손을 들었고 예수님을 구주로 영접했다. 그
리고 간사님들이 한 사람씩 안고 기도해주실 때 성령의 임재를 체험
했다. 그날 얼마나 많은 눈물을 쏟으며 회개했는지 모른다.

"너 좀 이상하다? 전에는 썩은 동태 같던 네 눈이 지금은 반짝반
짝해. 무슨 일 있었냐?"

전도학교에 다녀온 후 만난 친구가 문득 던지는 말에 나는 깜짝
놀랐다. 고등학교 3년 내내 나와 같은 반이었으니 누구보다 나를
잘 알던 친구였다. 하나님을 만나기 전까지 소망 없는 삶을 살던
내 눈은 썩은 동태눈으로밖에 볼 수 없는 상태였을 것이다.

거듭나고 나서부터 나의 생활은 많이 달라졌다. 기도하는 일이
일상이 되었고, 성경 말씀은 송이꿀보다 더 달았다. 묵상하는 것이
너무나 즐거웠고, 하나님 앞에 드리는 헌금이 아깝지 않았다.

하지만 하나님의 자녀가 되었다고 모든 것이 해결된 것은 아니었

다. 수동적이었던 나는 적극적이라기보다는 공격적으로 변했다. 그것이 복음을 지키는 길이라고 생각했고, 나만큼 기도하지 않고 말씀을 읽지 않는 사람은 무시하고 경멸했으며, 은사와 능력을 행하는 것만이 신앙생활인 것으로 착각하기도 했다. 영적 교만으로 가득한 미성숙한 그리스도인이 되고 있었던 것이다.

하나님의 자녀가 되는 것은 아기가 갓 태어난 것과 같다. 그런데 나는 태어나자마자 어른이 되고 싶었다. 그리고 그렇게 될 수 있는 줄 알았다. 하지만 그렇지 않다. 우리가 자기중심적인 삶을 내려놓고 예수님 중심의 삶을 살아가기까지는 오랜 시간의 성장이 필요하다. 매일매일 나 중심적인 삶의 영역들을 십자가에 못 박고 예수님이 내 생명 되시도록 해야 하는 것이다.

대학교 1학년 때의 얼토당토않아 보이는 기도를 들으신 주님은 말씀을 통해 내 고통을 어떻게 다루어주실지를 알게 해주셨다.

찬송하리로다 그는 우리 주 예수 그리스도의 하나님이시요 자비의 아버지시요 모든 위로의 하나님이시며 우리의 모든 환난 중에서 우리를 위로하사 우리로 하여금 하나님께 받는 위로로써 모든 환난 중에 있는 자들을 능히

위로하게 하시는 이시로다 고후 1:3,4

어디에서 나의 고통이 시작되었는지 말씀하지는 않으셨지만, 나를 위로하시고 나에게 주신 그 위로로 위로가 필요한 다른 사람들을 위로하게 하신다는 말씀이다.

이후 어머니가 나를 버렸다는 오해를 풀고 서로를 이해하고 용서하기까지, 아버지와의 관계를 회복하기까지는 더 오랜 세월이 걸렸다. 지금은 아버지도 사랑을 받아본 적이 없는 분이라서 나를 사랑해주지 못했다는 것을 이해하게 되었고, 나를 치유하시는 하나님의 음성을 듣기 시작하면서 변화와 회복을 경험하게 되었다.

나를 사랑하시는 하나님 아버지, 나를 지지해주시는 하나님 아버지, 나와 함께하시는 하나님 아버지, 내 인생을 책임져주시는 하나님 아버지를 경험하게 된 것이다. 하나님은 나에게 부모님에게서는 찾을 수 없던 '사랑과 신뢰'를 보여주셨다. 부모님으로부터 배우지 못했던 '인생을 살아가는 법'을 가르쳐주셨다.

나는 하나님이 내 삶의 시간들을 사용하셨다고 믿는다. 내가 지나왔던 시간에 대해 그저 고통스럽다고만 느꼈지만, 하나님은 이

시간을 사용하셔서 나를 위로하셨고 치유하셨다. 이런 시간이 없었다면 나는 지금 내가 가는 이 길을 쉽게 가지 못했을 것이다.

그렇다고 어린 시절 받은 고통과 상처가 아예 사라진 것은 아니다. 내 인생의 지나온 길 저편은 언제나 잿빛이다. 하지만 이제는 그곳을 바라보는 내 시선이 달라졌다. 그 모든 시절을 감싸 안고도 남을 사랑이 나에게 주어졌음을 발견했기 때문이다. 하나님의 약속의 말씀은 지금도 내 마음에서 생명력 있게 살아 일하고 있다.

짧게나마 나의 이야기를 적는 것은, 나와 같은 인생도 만나주신 하나님이 우리의 아버지가 되심을 말하고 싶기 때문이다. 어려운 관계뿐인 어린 시절을 보내야 했던 분들에게도 소망이 있음을 말하고 싶기 때문이다. 하나님 아버지의 사랑은 우리 모두에게 열려 있다. 우리가 자신의 마음을 점검하며 그 마음을 하나님 아버지 앞에 쏟아놓을 때 하나님은 회개와 회복의 기회를 주신다. 이 책을 읽는 분들이 모두 그 기회를 누리길 기도한다.

당신의 회복을 돕고 싶은 마음으로
윤종현

프롤로그

진정한 해답을 찾아가라

상처의 뿌리를 발견하라

변화의 길로 나아가라

받아 누리고 흘려보내라

에필로그

* 이 책은 《마음학교》(위즈덤로드)에 내용을 추가하여 새롭게 편집한 책입니다.

진정한
해답을
찾아가라

PART 1

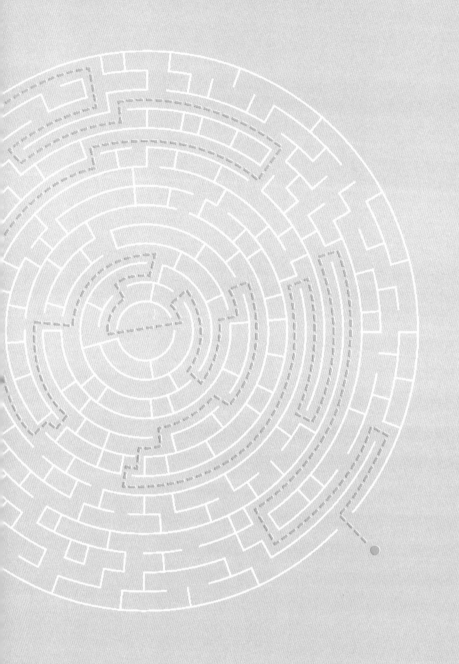

마음을 살피는 여정의 시작

　사람은 누구나 성장하면서 자기만의 '인생 지도'를 그린다. 누군가는 이 지도가 3세 때 완성된다고 하고, 또 누군가는 5-7세, 혹은 10세 이전에 완성된다고 한다. 각각 주장하는 바가 다르지만 어쨌든 십대 이전에는 이 지도가 대략 완성되는 것 같다.

　십대 이후로 우리는 대부분 이 지도를 따라 인생을 살아가게 된다. 그런데 지도에는 이쪽으로 가면 '고속도로'라고 되어 있었는데, 가다 보니 '돌아가시오'라고 쓰여 있다. 또 저쪽으로 가면 내가 원하는 목적지까지 갈 수 있다고 했는데, 막상 가보면 막다른 길이거나 일방통행이다. 이쪽으로 가면 지름길인 줄 알았는데, 실제로는 자갈길이다. 이런 일이 너무 많다.

지도가 완전하면 좋겠는데, 반드시 그렇지는 않은 것 같다. 게다가 자기 자신도 그걸 모른다면 더 큰 문제다.

'왜 이런 거야? 내 인생에는 행복과 성공만 있어야 하는데….'

자기가 가지고 있는 지도에 문제가 있을 거란 생각은 전혀 하지 않는다. 그저 주어진 상황과 형편, 환경에 문제가 있는 거라고 생각한다.

'이 사람을 만나서 내 인생이 이렇게 된 거야!'

부모님에게, 배우자에게, 환경에 문제가 있다고 생각한다. 그러면서 점점 더 불행해진다.

하지만 대부분의 문제는 외부에 있는 게 아니다. 내가 가지고 있는 인생 지도에 업그레이드와 수정이 필요한 시점이 온 것뿐이다. 필요하다면 지도를 새롭게 그리는 작업을 해야 할지도 모르겠다. 분명한 건 잘못된 지도로는 제대로 된 목적지에 도달할 수 없다는 것이다. 그러니 '인생'이란 긴 여행을 제대로 이어가기 위해서는 지도를 준비하는 과정이 필요하다.

내 인생 지도를 살피는 마음 여행

이제 이 책을 읽어나가는 동안 우리의 인생 지도가 어떻게 잘못되었는지, 무엇을 수정해야 하는지, 또 무엇을 업그레이드 해야 하는지 함께 살펴보면 좋겠다.

여행을 위해선 몸과 마음이 가벼워야 하는 법이다. 반드시 필요한 것만 챙기고 불필요한 것은 과감하게 버려야 한다. 그러면 무엇을 챙기고 무엇을 버려야 할까?

고집은 두고 가도 좋다

우리가 버리고 가야 할 첫 번째 것은 고집이다. 심리학에서는 고집을 '저항'이라고 표현한다. 또 다르게는 '항상성'이라고 말하기도 하는데, 이는 '항상 같은 것을 유지하고자 하는 힘'이란 뜻이다. 예를 들어, 사람의 몸은 항상 36.5도 정도의 체온을 유지해야 한다. 만일 체온이 38도, 40도로 올라가면, '아, 지금 나의 상태가 정상이 아니구나'라는 것을 인지하게 된다. 이는 항상성의 긍정적인 부분이다.

그런데 변해야 하는 분야에서 항상성을 유지하고자 하는 경우도 있다. 이것은 항상성의 부정적인 측면이다. 이처럼 변화가 필요함에도 변하지 않으려는 것이 '고집'이다.

성경에도 고집이 센 사람들이 여러 명 등장한다. 그중 쉽게 떠올릴 수 있는 사람이 아마도 애굽 왕 바로일 것이다. 하나님은 이스라엘 백성을 출애굽 시키려 하실 때 모세를 통해 그 뜻을 바로에게 전달하셨다. 하지만 바로는 계속 고집을 부리며 거절했다. 끝까지 한 번도 마음을 바꾸지 않았다. 마음을 바꾸는 것처럼 보였을 때에도 결국은 다시 원래 마음으로 돌아갔다(출 14:5 참조). 그로 인해서 애굽의 많은 군사들이 바다에 빠져 죽었다.

이런 바로를 보면서 그의 모습이 바로 내 모습이라고 생각하는 사람은 없을 것이다. 하지만 애석하게도 그 바로의 모습은 우리 모두 안에 있다.

지도에 새로운 자료들을 적용하려면 고집을 버려야 한다. 내 주장만이 옳지 않을 수도 있다는 것을 받아들여야 한다. 새로운 지도를 보여주려고 하면 대부분의 사람들은 고집을 부린다. 변하고 싶지 않기 때문이다. 자신이 문제가 있다는 걸 인정하면 힘들어지기 때문이다. 변화는 고통스러운 법이다.

그러니 어떤 메시지를 듣다가 내면에서 이런 반응을 만나게 된다면, '혹시 내가 지금 저항하고 있는 것은 아닌가? 혹시 내가 지금 변하지 않으려고 하는 것은 아닌가?' 하고 자신을 점검해보자.

불필요한 가면도 내려놓자

우리가 버리고 가야 할 두 번째는 '가면'이다. 우리는 대부분 가면을 쓰고 살아간다. 예배드릴 때는 천사들이 따로 없을 정도다. 그런데 교회를 벗어나도 그 모습이 그대로 유지되는가? 이번 여행에서는 가면을 좀 벗고 갔으면 하는 바람이 있다. 가면을 벗는다는 것은 무엇인가? 정직해지는 것이다. 심리학자들은 우리가 정직해질 수만 있다면 치유의 절반 이상이 이루어진 거라고 말한다. 그만큼 정직해지는 건 쉽지 않다.

한번은 어느 목사님 부부를 상담한 적이 있다. 이 분들은 문제를 해결하고 싶어 했지만, 자신들의 문제가 외부에 알려지는 건 원하지 않았다. 그러다가 사모님이 더 이상 참지 못하고 폭발하면서 상담을 요청해온 것이다. 상담하는 내내 남편 목사님은 사모님이 무슨 이야기를 할지 걱정하며 불안해하셨고, 긴장하는 표정도 역력하셨다.

목사님과 먼저 이야기를 시작했다. 이 분은 자신 안에 있는 이야기를 꺼내는 걸 너무 수치스러워하셨다. 60세가 넘으신 분이 계속해서 저항하는 모습을 보이셨다. 그러나 사모님은 수십 년 동안 그 마음에 가지고 있었던 불행을 폭발하듯 이야기하셨다. 40년을 함께 살았던 부부인데, 지나온 세월을 전혀 다르게 이야기하셨다. 정말 불행한 일이 아닐 수 없다.

이처럼 공적인 삶을 살아오신 분들이 정직해지기가 더 어려울 수 있다. 하지만 이것을 깨지 못하면 아무도 우리를 도와줄 수 없다. 우리가 정직해질 때 하나님이 일하신다.

어떤 경우는 가면이 너무 많아서 스스로도 자신의 진짜 모습이 무엇인지 모르기도 한다. 이런 사람은 집에서 쓰는 가면이 다르고, 직장에 갈 때 쓰는 가면이 다르고, 교회 갈 때 쓰는 가면이 다르다. 그러다가 집에서 쓰던 가면을 직장에 쓰고 나간다든지 교회에 쓰고 나오면 그때 문제가 발생한다.

'이 형제는 굉장히 신사적인 줄 알았는데…, 이 자매는 따뜻한 성품을 가졌다고 생각했는데….'

어느 날 자신도 모르게 폭발을 해버리는 바람에 전후방 5미터 안에 있던 사람들이 다 쓰러지는 일이 생긴다. 그러면 그때에야 고민을 시작하지만 기껏 이런 결론에 이르는 경우가 대부분이다.

"내가 왜 그랬을까? 대체, 내가 왜 그랬을까? 아, 오늘 가면을 잘못 쓰고 나와서 그런 거구나."

여기에 문제의 본질이 있다.

어느 날, 하나님이 내가 열심히 팽이를 치고 있는 모습을 보여주셨다. 그러면서 이렇게 말씀하셨다.

"종현아, 그 팽이 좀 멈춰볼래?"

"그럴 순 없어요."

그러면서 여전히 열심히 팽이를 쳤다. 그런데 하나님이 또 말씀하셨다.

"종현아, 그 팽이 좀 멈추면 좋겠다."

"됐거든요."

그러면서 또 팽이를 쳤다. 하나님은 계속해서 말씀하셨다.

"네가 팽이를 좀 천천히 돌려서 멈추게 하면 좋겠다."

결국 나는 팽이를 멈췄다. 그러고는 깜짝 놀랐다. 그때까지 팽이를 멈춰본 적이 없기 때문에 팽이의 원래 모습을 보지 못했다. 그런데 멈추고 나서 보니까 팽이가 여러 가지 색깔로 되어 있고, 윗부분은 파여 있는데다 옆에는 금이 가 있었다. 그렇지만 나는 아무것도 모른 채 그 팽이를 열심히 돌리고만 있었던 것이다.

내가 인생의 변화를 원했을 때 하나님이 제일 처음 하셨던 작업은 '멈추라'는 것이었다. 내 모습이 어떤지를 봐야 한다고 하셨다. 내가 어떤 시간들을 지나왔는지 돌아보아야 한다고 하셨다. 그래야 현재를 이해할 수 있고 미래를 바로 볼 수 있다는 것이다.

내가 누군지 알지 못하면서 내가 원하는 사람이 되려고 한다면 실패할 수밖에 없다. 그럼에도 우리는 본 모습을 보고 싶어 하지 않는다. 자신이 없기 때문이다. 내 삶에 일어났던 많은 일들, 내가 겪었던 많은 상처들과 정직하게 마주하는 일은 고통스럽다.

이제 이 책을 따라가며 그 가면들을 하나씩 벗을 수 있기를 바란다. 그렇게 정직함으로 하나님 앞에 나가게 되기를, 그래서 하나님이 우리에게 어떤 것을 보여주시든, 어떤 것을 말씀하시든 그것을 하나님 아버지 앞에 가지고 나아갈 수 있기를 바란다. 변화와 회복은 그때부터 일어난다.

어느 교회에서 청년부 집회를 할 때, 한 자매가 상담을 받으러 온 적이 있다. 자매는 하루 종일 직장에서 일하고 저녁에는 편의점에서 일을 한다고 했다. 그러면서 그런 삶이 너무 피곤하다고 말했다. 나는 왜 그렇게까지 일을 해야 하는지 물었다.

"저는 빚이 많아요. 그 빚을 갚기 위해서는 두 가지 일을 해야 하는데 너무 피곤하네요."

"그래요? 그 빚은 어쩌다가 지게 되었어요?"

"제가 빌린 게 아니라 전 남자 친구의 빚이에요."

자기 빚도 아니고, 자기를 떠나 버린 남자 친구의 빚이라니. 자매는 그 빚을 갚아주기 위해 죽어라 노력하고 있었다. 그래서 다시 물었다.

"왜 그 빚을 갚으세요?"

"그 빚을 갚으면 남자 친구가 돌아올 거거든요."

정말 돌아올까? 빚을 다 갚아도 남자 친구는 돌아오지 않을 것이다. 자매는 너무나 불행한 시간을 보내고 있었다. 자매에게 남자 친구는 인생의 전부였다. 그 사람만 자기 곁에 있다면 무엇을 주어도 아깝지 않았다. 그런데 그 사람이 떠나버리자 그가 다시 돌아오기를 기대하면서 빚을 갚아주고 있는 것이다.

이 자매는 거절이 두려워 현실을 바로 보지 못하고 있었다. 자매의 삶이 건강하지 못하다는 건 짧은 대화를 통해서도 금방 알 수 있었다.

두려움은 사랑을 밀어낸다

우리는 누구나 사랑받고 싶어 하고, 인정받고 용납받고 싶어 한다. 성경은 "사랑 안에 두려움이 없고 온전한 사랑이 두려움을 내쫓나니"(요일 4:18)라고 말한다. 거꾸로 말하면 두려움이 있으면 온전한 사랑이 우리 안에 머물 수 없게 된다. 그리고 그 두려움은 자기를 비난하고 다른 사람을 비난하는 형태로 발전하게 된다. 그것은 여러 방식으로 나타난다.

더 나은 사람으로 보이고 싶다

먼저, 삶의 의미와 만족을 찾기 위해 끊임없이 '성취'를 추구하는 사람이 있다. 이것은 유교 문화를 가진 사람들이 많이 보이는 특징이기도 하다. 어떻게 해서든지 다른 사람보다 더 뛰어나고 싶어 하고, 더 많은 것을 얻어내고 싶어 하며, 더 많이 공부하고, 더 많은 연봉을 받기 원한다.

가정 안에서는 형제들끼리, 직장 안에서는 동료들끼리, 교회 안에서는 성도들끼리 그럴 수 있고, 목사님들끼리 그럴 수도 있다. 더 많은 수의 성도, 더 많은 교회의 재정…. 이런 것을 통해서 자신이 얼마나 괜찮은 사람인지, 얼마나 성공한 사람인지를 증명하고 싶어 한다. 집은 아무리 어려워도 겉으로 보이는 차나 시계나 옷은 최고의 것으로 하고 싶어 한다. 그렇지만 애석하게도 이런 것들은 우리 인생에 궁극적인 만족을 주지 못한다.

누군가에게 필요한 사람이 되고 싶다

어떤 사람은 누군가에게 사랑받을 수만 있다면, 인정받을 수만 있다면 삶의 모든 것을 다 투자해도 좋다고 여긴다. 시간, 돈, 뭐든지 줄 테니 자신을 버리지 말고 인정해주고 사랑해달라고 갈구한다.

그렇게 해서라도 인정을 받아내야만 자신이 가치 있고 소중하고 중요한 사람이라고 생각한다. 누군가로부터 거절당한다는 것은 내가 의미도 없고, 가치도 없고, 소중하지도 않은 사람이란 뜻이다. 그렇기 때문에 끊임없이 사람들에게 집착한다.

의처증이나 의부증 같은 병도 거절에 대한 두려움 때문에 생긴다. 그 사람을 얻지 못하면 인생의 의미가 사라질 것 같기 때문이다. 이들은 자신의 정체성을 상대방에게서 찾는다.

"나와 결혼해줘. 당신과 결혼하기만 하면 난 행복해질 거야."

"날 인정해줘. 당신에게 인정받으면 행복할 것 같아."

그러나 성취도, 인정도 원하는 만큼 얻어내지 못하면 세 번째 선택을 하게 된다.

나는 고통이 싫다

'고통은 언제나 쾌락을 찾는다'라는 말이 있듯이, 사람들은 누구나 자기만의 고통을 피하는 방식이 있다.

"스트레스를 받으면 어떻게 푸시나요?"

이런 질문을 해보면 가장 많은 사람들이 "먹어요"라고 대답한다. "잔다"고 대답하는 사람도 있고, "쇼핑을 한다"고 답하는 사람도 있다. 밤새 만화책을 보거나 게임을 하는 사람도 있다. 다 고통을 피하기 위해 자기만의 쾌락을 추구하는 것이다. 또한 쾌락을 추구하는 사람들이 가장 쉽고 빠르게 고통을 처리하는 방법이 성적인 쾌락이다. 이것은 가장 많은 문제를 일으키는 부분이기도 하다.

모습과 양상은 다양하지만 이런 모든 행동의 이유는 '고통을 피하는 것'이다. 사람들은 고통을 피하면 행복으로 갈 수 있다고 믿는다. 그 몰입과 집착이 지속적이고 과도하게 이루어질 때 '중독'이된다. 억제로 떼어놓으려 해도 절대 놓치지 않으려 한다. 왜냐하면 놓치는 순간 고통 속으로 들어가게 되기 때문이다.

학생들을 상담하다 보면 컴퓨터나 게임에 지나치게 집중하는 아이들이 있다. 그 아이들이 컴퓨터에 집중하는 이유 역시 다른 게 아니다. 고통을 피하고 싶기 때문이다. 이런 경우 상담을 진행해보면 부모에게 문제가 있는 경우가 많다. 아이가 게임을 더 이상 하지 않게 하려면 그 시간에 부모가 함께 시간을 보내주면 된다. 그런데 부모는 각자의 삶으로 너무 바쁘고, 그저 기도 한 번으로 아이의 문제가 해결되길 바란다. 하지만 그런 일은 일어나지 않는다.

몇 년 전에 어떤 사람이 피시방에서 오랫동안 게임만 하다가 그 자리에서 죽은 채로 발견된 사건이 있었다. 충격적인 일이다. 고통을 피하려고 했는데, 결국 그것이 더 큰 고통이 되어 자신을 덮치게 된 것이다. 그럼에도 불구하고 우리는 고통을 피하기 위해 쾌락을 추구하는 삶을 살아간다.

다 너 때문이야

행복을 얻고 고통을 피하기 위해 성취와 인정과 쾌락을 추구하며 살았는데, 후에는 그것이 내 삶에 더 큰 고통과 어려움이 되기 시작한다. 그러면 우리는 그 일에 대한 책임을 누군가에게 묻고 싶어 한다. 비난중심적인 삶이다.

"내가 이렇게 고통스러운 이유는 바로 너 때문이야."

우리가 비난중심적인 삶을 살아가는 이유는 고통에 대해서 누군가 책임을 져야 하고, 누군가 처벌을 받아야 한다고 생각하기 때문이다. 그래서 우리는 내면에 있는 처벌에 대한 두려움으로 누군가를 비난하는 삶을 살아가게 된다. 나의 고통에 대한 책임을 누군가에게 전가하면 나는 아무런 책임도 지지 않게 될 테니 말이다.

하지만 이렇게 다른 사람을 비난하는 삶을 사는 사람은 마지막에 자기 자신을 비난하는 자리에 이르게 된다. 다른 사람을 비난했다가 자기를 비난했다가 하면서 마음이 이 끝에서 저 끝으로 왔다 갔다 한다. 야고보 사도는 이런 마음을 바람에 밀려 요동하는 바다 물결과 같은 마음이라고 했다(약 1:6 참조).

다른 사람을 향한 비난이든 자신을 향한 비난이든 비난중심적인 삶을 살아가는 사람의 내면은 고통으로 가득할 뿐이다. 이처럼 고통을 피하려는 노력들은 우리의 삶을 불행으로 이끌어간다. 불행하고 싶지 않아 선택한 일임에도 말이다.

생수의 근원에서
떠나다

우리가 가지고 있는 문제들은 성취하지 못해서도 아니고, 인정받지 못해서도 아니고, 내 안에 즐거움이 많지 않아서도 아니다. 말씀은 우리 인생의 문제를 정확하게 진단한다.

내 백성이 두 가지 악을 행하였나니 곧 그들이 생수의 근원되는 나를 버린 것과 스스로 웅덩이를 판 것인데 그것은 그 물을 가두지 못할 터진 웅덩이들이니라 렘 2:13

예레미야 시대는 혼란스런 오늘날의 시대와 굉장히 유사했다. 부자는 너무 부유했고, 가난한 사람은 너무 가난했다. 가난한 사람은 가난 때문에 자기 자식을 우상에게 팔았고, 그 아이는 제물로 불 가운데 바쳐졌다. 성적으로, 도덕적으로, 영적으로 타락한 시대였다. 한 마디로 말하면 성취와 인정과 쾌락과 비난의 삶을 살아가는 시대였다. 그 삶의 끝에서 이스라엘은 바벨론으로 끌려가 70년 동안 종살이를 해야 했다.

문제는, 이스라엘 사람들이 자신들이 바벨론으로 끌려가서 70년 동안 종살이를 해야 하는 이유를 알지 못했다는 데 있다. 그들은 자신들의 문제에 대한 진단을 내리지 못했다. 그래서 하나님이 예레미야 선지자를 보내신 것이다.

예레미야는 눈물의 선지자이다. 예레미야는 40년 동안 이스라엘을 위해 예언했지만 이스라엘 사람은 그의 말을 듣지 않았다. 하나님이 보내신 사람이었지만, 이스라엘 사람들은 그를 하나님의 사람으로 인정하지 않았다. 그러니 어찌 눈물이 나지 않았겠는가? 이스라엘의 상태뿐 아니라 자신의 처지를 생각해도 기가 막혔을 것이다. 그럼에도 불구하고 그는 자신의 마음을 지켰다. 그리고 하나님이 주신 메시지를 끝까지 선포했다.

수천 년이 지난 지금도 우리는 그의 메시지를 통해서 하나님의 뜻을 발견하게 된다. 그는 우리가 가지고 있는 인생의 문제가 그렇게 복잡한 것이 아니라고 말한다.

첫째, 그는 우리가 생명의 근원이신 하나님을 떠났기 때문에 성취와 인정과 쾌락과 비난중심의 삶을 살고 있다고 말한다. 이스라엘 사람들은 선민이었다. 누구든 그들을 보면 하나님의 사람이라고 생각했다. 그러나 정작 하나님은 이스라엘 백성을 보시며 "너희가 나를 버렸다"라고 말씀하셨다. 둘째, 물이 고이지 않는 웅덩이를 스스로 파면서 살아가고 있다고 말한다.

생명은 관계다

여기서 말하는 '생명'은 구체적인 관계 안에서 서로 닮아가고 동화되는 능력이다. 생명이라는 것은 같은 생명의 속성을 가지고 있는 것끼리만 닮아가고 배워갈 수 있다.

스피커를 예로 들어보자. 교회에 있는 스피커를 떼어다가 집에 가지고 간다고 해보자. 아내는 마루에서 자라고 하고, 나는 스피커를 끌어안고 잔다. 그리고 아침에 일어나서 스피커에게 "사랑한다"라고 말하면 스피커가 뭐라고 할까? 아무 말도 할 수 없다. 스피커의 생명과 우리의 생명은 다르다. 그렇기 때문에 서로 닮아가거나 성장하거나 배워갈 수 없다.

하나님은 창세기 2장 7절에서 "흙으로 사람을 지으시고"라고 했다. 그리고 그 코에 "생기", 생명의 기운을 불어넣으셨다. 하나님의 생명을 인간에게 불어넣으셨더니 사람이 비로소 '생령(living being)'이 되었다고 말씀하신다. 하나님의 생명이 인간에게 불어넣어져야만 사람은 살아 있는 존재가 될 수 있다. 이것은 우리가 '관계하는 존재', '하나님과 교제할 수 있는 존재'가 되었다는 의미이다. 하나님의 생명이 우리 안에 있어야만 우리는 하나님과 교제할 수 있다. 그리고 그분을 닮아갈 수 있다.

> 하나님이 이르시되 우리의 형상을 따라 우리의 모양대로 우리가 사람을 만들고 그들로 바다의 물고기와 하늘의 새와 가축과 온 땅과 땅에 기는 모든 것을 다스리게 하자 하시고 하나님이 자기 형상 곧 하나님의 형상대로 사람을 창조하시되 남자와 여자를 창조하시고 하나님이 그들에게 복을 주시며 하나님이 그들에게 이르시되 생육하고 번성하여 땅에 충만하라, 땅을 정복하라, 바다의 물고기와 하늘의 새와 땅에 움직이는 모든 생물을 다스리라 하시니라 창 1:26-28

하나님이 우리에게 생명을 부어주실 때 우리는 '내가 누구인가'를 알게 된다. 그리고 신분을 발견한 사람들, 정체성을 발견한 사람들은 그 삶에 사명을 갖게 된다. 꿈을 갖게 된다. 내가 누구인지 알아야 어디로 가야 할 것인지도 알 수 있다.

성경을 단순하게 설명한다면 신분과 사명에 대해 가르치는 책이라고 할 수 있다. 그렇다면 이 신분과 사명은 무엇을 위해 존재하는가? 우리가 평생을 추구하며 살아가야 할 가치관, 내 마음 가운데 가득 담아두고 살아가야 할 하나님의 사랑을 향하게 한다. 그 사랑의 삶을 살아가는 것이 궁극적인 목표와 가치가 된다.

신분과 사명과 사랑을 내 삶에서 경험할 수 있는 방법은 무엇인가? 공부를 많이 하면 경험할 수 있는가? 아니다. 이것을 경험할 수 있는 방법은 오직 의미 있는 관계를 통해서만 가능하다. 만약 하나님이 옆집 아저씨라면 우리는 하나님과 그 정도의 관계밖에 가질 수 없다. 그러나 하나님은 우리의 아버지이시고, 우리는 그분의 자녀이다. 이런 인식이 있어야만 그리스도인이라고 말할 수 있다.

만약 내 안에 하나님과의 인격적이고 개인적인 관계가 없다면 한 번쯤 고민해야 한다. 하나님의 생명이 내 안에 살고 있지 않을 수 있기 때문이다.

생명의 근원되시는 하나님을 떠나면 내가 누구인지 알 수 없게 된다. 무엇을 해야 하는지도 알 수 없게 된다. 그렇게 되면 사랑이 아니라 두려움이 나의 삶을 움직이기 시작한다. 관계적으로 살지 않고 성취와 인정과 쾌락과 비난의 삶으로 스스로를 증명하려고 한다. 하나님의 생명이 없다면 방향을 잃어버린, 브레이크가 없는 자동차 같은 삶을 살아가게 되는 것이다.

내 인생을 굴러가게 하는 바퀴

우리에게는 내가 누구인지, 무엇을 위해 살아야 하는지 알고자 하는 마음이 간절하다.

'도대체 나는 누구인가?'

달리 말하면 '정체성'의 문제이다. 이것을 찾기 위해 사람들은 성취와 인정을 추구한다. 그런데 이런 삶은 우리에게 안정적인 정체성을 주지 못한다. 성취와 인정으로 만들어지는 정체성은 가변적이기 때문이다. 이런 정체성은 상황과 형편에 따라 달라진다.

1997년도에 우리나라에 IMF 사태가 있었다. 많은 사람들의 사업이 어려워졌고, 가정들이 깨졌다. 잘 나가는 직장에 다니고 있었는데 하루아침에 서울역에서 노숙을 하게 되었다. 좋은 직장에 다니며 사람들에게 인정받을 때는 자신이 굉장히 괜찮은 사람인 줄 알았는데, 사람들의 인정을 받지 못하자 지금까지의 삶이 아무런 의미가 없는 것처럼 느껴진다. 자신이 쓰레기 같다. 이처럼 성취와 인정의 기반을 통해 만들어지는 정체성은 가변적이기 때문에 우리의 삶을 행복하게 만들 수 없다.

서점에는 하루에도 수십 권의 책들이 쏟아져 나온다. 너무나 다양한 책들이 나오고 있지만, 사실 그 책들의 주제는 단순하다. 행복한 인생을 살 수 있게 해주겠다는 것이다.

'네 인생의 의미를 찾고 싶지? 네가 누군지 알고 싶지? 그런데 어떻게 해야 하는지 모르겠지? 이 책을 읽어! 가르쳐줄게.'

그런데 정말 그 책들이 우리를 진정한 행복의 비결로 이끄는가?

책뿐만이 아니다. 인터넷, 스마트폰을 비롯하여 수많은 정보들이 우리 주변을 떠다니고 있다. 그런데 우리는 더 풍성해진 정보의 홍수 속에서 예전보다 더 행복해졌는가? 저마다 인생의 해답들이라고 주장하는 수많은 정보들이 우리 주변에 넘쳐나고 있는데, 왜 그 해답들이 우리에겐 적용되지 않는 걸까? 왜 우리의 삶은 변화되지 않고, 여전히 불행한가? 어쩌면 우리가 해답이라 여기며 찾고 있는 그 것들이 하나님이 우리에게 주시려는 해답이 아닐 수 있기 때문이다.

그러면 우리는 어디서 해답을 찾아야 하는가? 변하지 않는 정체성이 과연 가능한 것일까? 변하지 않는 정체성은 어떻게 만들어지는가? 결론부터 말하자면, 진리가 그것을 가능하게 한다.

진리는 무엇인가? 하나님의 말씀이다. 하나님의 말씀을 통해서 만들어지는 정체성은 변하지 않는다. 우리는 변할 수 있지만 그분의 말씀은 변하지 않는다.

성경은 '하나님께는 회전하는 그림자도 없다'고 말한다. 인간은 회전하면 그림자의 모습이 달라진다. 빛의 방향이 달라지기 때문이다. 그런데 하나님은 회전하시는 그림자조차도 없으신, 절대로 변하지 않는 그런 분이다. 그래서 그분이 말씀하시고 그분이 창조하신 내가 누구인지를 듣게 될 때, 우리는 비로소 변하지 않는 정체성을 확립하게 된다. 그리고 그제야 궁극적인 인생의 의미를 발견할 수 있게 된다.

이제 애굽으로 날아가보자. 이스라엘 사람들이 애굽에서 고통스럽게 살아가던 시절의 이야기이다. 요셉이 하나님의 뜻에 따라 가족들을 고센 땅으로 초청하면서 애굽에 머물게 된 이스라엘 백성이 지금은 노예가 되어버렸다. 그럼에도 번성하여 처음에 72명이던 그들이 나중에는 260만 명 이상으로 늘어난다. 애굽 사람들의 입장에서 보면 좋은 그림이 아니다. 피지배민족인 히브리 사람들이 계속 늘어나자 부담스러워지기 시작했다. 결국 비상회의가 소집됐다.

"히브리인들의 숫자가 계속 이렇게 늘다간 우리가 밀리겠어!"

"잘못되면 오히려 우리가 먹힐 거야. 대책을 세워야 한다고!"

칙령이 내려졌다.

"앞으로 히브리인들이 남자아이를 낳으면 다 죽여라!"

이스라엘 백성에게 굉장히 두려운 일이 일어났다. 아이를 낳아 아들이면 무조건 죽여야 했다. 무서운 일이었다. 그런 상황 속에서 모세의 엄마 요게벳이 아이를 갖게 되었다.

불안한 상황에서 태어난 모세

모세의 상황을 자세히 알 수는 없지만, 당시 상황으로 볼 때 요게벳은 혹시라도 아들을 낳게 될까 긴장되고 불안한 임신 기간을 보냈을 것 같다. 아마 모세가 태어날 때는 온 가족이 모여 불안한 마음을 달래야 했을 것이다.

배 속에서의 아기는 엄마에게 많은 영향을 받는다는 연구 결과들이 나와 있다. 심지어 실제로 행동하지는 않았다 해도 감정이나 생각만으로도 아기는 영향을 받는다. 예를 들어 엄마가 낙태하겠다는 생각을 한다든지, 남편에게 구타를 당한다든지, 경제적으로 불안정한 상황에 있다면 아기에게 그대로 영향을 미치게 된다.

태어난 아기는 아들이었다. 요게벳은 아기를 숨겨 기르면서도 혹여나 울음소리가 새어나가진 않을까 노심초사했을 것이다. 그렇게 두어 달을 버텼지만 더 이상 숨기는 건 무리였다. 고민 끝에 가족들은 아기를 강물에 띄우기로 결정했다. 모세는 사실 태어나고 두 달 만에 버려진 셈이다.

다행히 어머니를 유모로 삼아 살게 되지만, 제 부모를 부모라 부르지 못하고 살았다. 젖을 뗀 후에는 유모와도 떨어져 다른 사람의 아들로 성장했다.

모세는 정체성을 갖기 어려운 상황에서 출발한 사람이다. 부모와 생이별을 해야 했고, 어떻게 보면 원수의 가정에서 자라났다.

해외로 입양된 아이들 중에는 어려운 십대 시절을 보내는 경우가 많다. 자신은 동양인인데 부모는 서양인이고 영어를 쓴다. 그래서 어느 정도 성장하면 자신의 정체성을 찾고 싶어 한국에 오기도 하고 친부모를 찾으려고도 한다. 모세도 그러지 않았을까? 자신의 민족인 히브리 사람들은 노예로 고통당하고 있는데, 자신은 계속 애굽의 왕자로 살아갈 것인지 고민이 많았을 것이다.

자신의 힘으로 찾으려 하다

그 고민은 40년 동안 이어진다. 그러다 결국 사건이 생긴다. 히브리 사람이 애굽 사람한테 맞고 있는 장면을 목격하게 된 것이다. 그걸 보는 순간 모세의 마음에 순간적으로 민족의식이 살아났다. 분노가 불일 듯 일어나면서 어쩌다 그 애굽 사람을 죽이고 말았다.

급히 시신을 감춘 후 며칠이 흘렀고, 이번에는 히브리 사람들끼리 싸우는 모습을 보게 되었다.

"왜 이러세요. 같은 민족끼리 서로 싸우고 그러면 되겠습니까? 싸우지 마세요."

이렇게 말하는 모세를 히브리 사람들이 비웃었다.

"당신 뭐야? 우리가 언제 당신을 우리의 재판관으로 세웠어? 당신이 애굽 사람을 죽였듯이 우리도 죽이려고? 그러면 당신이 히브리 사람이 될 거 같아?"

이 말을 들은 모세는 모든 게 탄로났다는 생각에 깜짝 놀랐다. 그리고 광야로 도망쳤다. 모세는 인생의 첫 40년을 이렇게 마감했다.

이후로 모세의 인생은 고단했다. 얼마나 고단했던지 광야에서 십보라와 결혼해 낳은 첫 아이의 이름을 '게르솜'이라고 지었는데, 그 이름은 '내가 이방에서 나그네가 되었다'는 뜻이다. 모세는 자기 삶의 고통을 아들의 이름을 통해서 말하고 있었다. 사람을 죽이고 도망쳐 온 모세는 인생의 두 번째 40년을 이름도 없이 빛도 없이 숨죽이며 보냈다.

하나님께 질문하다

그런 나날을 보내다 평소와 다름없이 양을 몰고 나간 어느 날, 모세는 하나님의 음성을 듣게 된다. 그의 나이 80세에 하나님을 만나게 된 것이다. 그리고 애굽에서 고통 받는 이스라엘 백성을 인도해내실 것이라는 하나님의 부름을 받는다.

그 부름에 모세는 질문한다.

"제가 누구이기에 바로에게 가며 이스라엘 자손을 애굽에서 인도하여 내겠습니까?"

40년 전에 사람을 죽였고, 지금은 이름도 없는 목동으로 살고 있는 자신이 어떻게 그런 일을 할 수 있겠느냐고 묻고 있는 것이다. 그때 하나님이 모세에게 이렇게 대답하신다.

"내가 너와 함께하겠다."

어떻게 보면 좀 엉뚱한 대답 같아 보인다. 하지만 모세의 질문은 정체성에 대한 것이었다. 그는 80년 동안 스스로에게 끊임없이 해왔던 질문을 지금 하나님 앞에서 다시 하고 있는 것이다.

"제가 누구인지 모르겠습니다. 저는 누구입니까?"

"네 자신이 누구인지 모르는 게 당연하다. 내가 너와 함께할 때만 너는 네가 누구인지 알 수 있는 거야."

하나님은 함께하시겠다는 말씀 그대로 이후 40년 동안 모세와 동행하신다. 모세는 이스라엘 역사에서 위대한 지도자 중 한 사람으로, 수천 년이 지난 지금까지도 모세에 대한 연구가 활발히 이루어지고 있다. 그의 지도력을 배우고 싶기 때문이다. 그의 지도력은 딱 한 가지에서 나왔다. 하나님과 함께했다는 것이다.

하나님이 함께하실 때 우리는 비로소 삶의 의미와 정체성을 발견할 수 있다. 이것이 인간의 삶에 예수 그리스도께서 '임마누엘'로 오신 이유이다.

비슷한 것은
진짜가 아니다

그렇다면 생명의 근원되시는 하나님을 떠났다는 것은 무슨 의미일까? 하나님은 사람을 창조하실 때 내면에 공간을 두셨다. 그리고 그 공간에 하나님의 생명이 채워져야만 살아갈 수 있도록 디자인하셨다. 그 속에 하나님의 생명이 채워질 때 '나'라는 사람이 의미가 있어진다.

하나님의 생명이 우리 가운데 부어졌다면 내가 누구인지, 무엇을 하며 살아야 할지 알았을 것이다. 그리고 하나님이 창조하셨던 모습대로 하나님과 사람과 사랑의 관계를 맺으며 살아갔을 것이다.

그런데 그 하나님을 버림으로 인해 우리는 더 이상 생수를 마실 수 없게 되었다. 생수를 먹어야 살아가는데 더 이상 생수를 마실 수 없게 되면 제일 먼저 어떤 현상이 생길까? 목마름, 갈증이 생긴다.

목마른 영혼들

이런 경우 일반 심리학에서는 "당신의 내면이 비어 있어요. 그것을 채워야 합니다. 친구를 만나보세요. 강아지를 키워보서도 좋아요"라고 말한다. 매슬로우(Maslow) 같은 사람은 "자아실현을 이뤄야 한다. 그러면 행복해진다"라고 말한다. 그들도 뭔가를 안다. 내면이 비어 있기 때문에 정서적인 문제가 일어난다는 걸 안다. 그런데 그러한 욕구가 어디서 오는지는 모른다.

그래서 심리학은 계속 발전하지만 여전히 사람들은 아프다. 문제는 해결되지 않고 사람들은 여전히 목마르다. 그들이 말하는 방법이 하나님이 인간에게 의도하셨던 것이 아니기 때문이다.

하나님이 기대하셨던 것은 그분의 생명으로 채우는 것이었다. 그런데 하나님을 버림으로 인해서 우리는 이 목마름을 채울 수 없게 되었다.

여기에서 두 번째 문제가 발생한다. 인간이 스스로 웅덩이를 판 것이다. 목마름의 문제를 해결하는 가장 쉬운 방법은 원래 하나님이 주셨던 생명의 물을 마시는 것이다. 그런데 그렇게 하지 않고 자기 스스로 웅덩이를 판다. 하나님이 주시는 것과 비슷하게 해결하려고 웅덩이를 판 것이다.

여기서 '웅덩이(cistern)'라는 단어는 감정을 조절하고 즐거움을 늘이거나 고통을 줄이기 위한 것에 대한 집착을 말한다. 즉, 특정한 행동을 통해 고통을 줄이거나 즐거움을 늘이려고 하는 것이다.

사람들은 누구나 자기만의 웅덩이를 가지고 있다. 아무에게도 말할 수 없지만 내면이 공허해질 때마다 무엇인가를 통해 채우려고 한다.

어떤 사람은 스릴 있는 경험을 통해 감정을 조절하려고 한다. 고통을 처리하기 위해 술을 마시거나 담배, 약물 등의 대체물을 사용하는 사람들도 있다. 또 사람들과의 관계를 통해 즐거움을 늘이거나 고통을 줄이려고 시도하기도 한다.

하나님은 우리가 하나님을 떠남으로 목마르게 되었다고 말씀하신다. 그러면 하나님께 돌아가면 될 텐데, 돌아가지는 않고 스스로 웅덩이를 판다. 거기서 나오는 물이 생수와 비슷해서 처음에는 해갈이 된다. 그런데 마시면 마실수록 점점 더 목이 마른다. 물을 담을 수 없는 터진 웅덩이기 때문이다.

자력으로 해결하려는 어리석음

그런데 웅덩이보다 더 큰 문제가 있다. 바로 '스스로'라는 단어이다. 하나님은 사람을 창조하실 때 스스로 살아갈 수 있도록 디자인하지 않으셨다. 인간은 하나님과 함께 살아가도록 만들어졌다.

아담과 하와의 죄가 무엇이었는가? 선악과를 따 먹은 것이다. 하지만 자세히 보면 그건 결과이다. 아담과 하와의 가장 근본적인 죄는 하나님을 떠나서 독립하려고 했다는 거다. 그들은 스스로 살아가려고 했다.

성경이 반복해서 말하는 것이 있다. "너희의 지혜와 명철을 의지하지 마라", "하나님을 의지해라", "내가 너희의 구원의 뿔이다", "산성이다", "요새다", "힘이다". 무얼 말하고자 함인가? 하나님을 의지하라는 것이다.

> 여호와는 말의 힘이 세다 하여 기뻐하지 아니하시며 사람의 다리가 억세다 하여 기뻐하지 아니하시고 여호와는 자기를 경외하는 자들과 그의 인자하심을 바라는 자들을 기뻐하시는도다 시 147:10,11

인간의 힘을 제외하고 가장 센 힘을 측정할 때 말의 힘으로 한다. 그래서 자동차의 힘을 말할 때도 '마력'이라고 한다. 말의 힘을 기뻐하지 않으신다는 것은 사람이 하나님 이외의 다른 것을 의지해서 만들어내는 결과를 기뻐하지 않으신다는 의미이다. 또한 사람의 다리의 힘을 기뻐하지 않으신다고 했다. 이는 사람이 자신의 힘으로 할 수 있는 것을 기뻐하지 않으신다는 의미이다.

하나님이 기뻐하시는 것은 '여호와를 경외하는 것'이다. 요한복음 15장은 이에 대해 "나를 떠나서는 너희가 아무것도 할 수 없음이라"라고 말한다. 인간은 하나님 없이는 아무것도 할 수 없도록 디자인 되어 있다. 우리가 알든 모르든 하나님을 떠나면, 생명을 떠나면 인간은 그때부터 무의미한 삶을 살 수밖에 없다. 자신을 찾으려고 아무리 노력해도 찾을 수 없다. 사명을 찾으려고 해도 찾을 수가 없다.

그러므로 우리가 생명의 근원되신 하나님을 떠났던 부분, 스스로 웅덩이를 팠던 부분을 해결하지 않으면 어떤 치유를 얹어놓는다 해도, 어떤 검사를 한다 해도 소용이 없어진다. 이 근본적인 문제에 대한 해답을 하나님 안에서 발견하고 치유해야 한다. 그러므로 자신에게 질문해보자.

- 나는 과연 어떤 부분에서 하나님을 버리고 살아왔는가?
- 어떤 부분에서 주님보다 내 자신을 의지하며 웅덩이를 파면서 살아왔는가?

1992년도에 강원도에서 전도여행을 하다가 할아버지 한 분을 만났다.

"할아버지, 예수님 믿으셔야 천국 가세요."

그랬더니 그 할아버지 말씀이 이랬다.

"걱정하지 마. 나는 법 없이도 사는 사람이야."

무법자이셨던 모양이다. 그 분의 이야기를 들어보니 어려운 사람을 많이 돌봐주신 분이었다. 행위로 의롭게 살았기에 극락왕생할 거라고 생각하신 것이다.

많은 사람들이 선하고 착하게 살면 지옥에 가지 않을 거라고 생각한다. 행위를 통해서 구원 받을 수 있다고 여긴다. 예수님을 믿는 사람 중에도 이런 사람이 꽤 많다. 선하게 살았기 때문에, 많은 것을 이루었기 때문에, 많은 사람에게 사랑받기 때문에 천국에 갈 거라고 생각한다. 그러나 성경은 그렇게 말하지 않는다. 천국에 가거나 지옥에 가는 것은 행위 때문이 아니기 때문이다.

죽음은 관계의 단절이다

창세기로 가보자. 하나님은 아담과 하와에게 "선악을 알게 하는 나무의 열매는 먹지 말라 네가 먹는 날에는 반드시 죽으리라"(창 2:17)라고 말씀하셨다. 그럼에도 아담과 하와는 선악과를 따 먹었다. 그들은 죽었을까? 죽지 않았다. 아담은 930세까지 살았다.

하나님이 아담에게 말씀하신 '죽음'은 우리가 이해하는 죽음과 다르다. 성경이 죽는 것과 사는 것을 말할 때의 기준은 '관계'이다. 그래서 성경은 믿음을 가지고 죽은 사람들에 대해 '잔다'라고 표현한다. 관계는 여전히 연결되어 있다는 의미이다.

성경이 말하는 죽음은 하나님과의 관계가 끊어지는 것을 말한다. 관계가 단절되어 하나님이 말씀하셔도 아담이 듣지 못하고, 아담이 기도해도 그분이 말씀하시지 않는다. 인간이 하나님의 음성을 들을 수 없고 하나님과 동행할 수 없으면 끈 떨어진 연이 된다. 소망을 잃게 된다. 향방 없이 살아가는 삶이 된다.

여주교도소에 간 적이 있다. 물론 세미나를 하러 갔다. 세미나를 마치고 교도관들의 안내로 교도소 내부를 둘러보게 되었다. 교도소는 생각보다 깨끗했고, 자신의 종교에 따라 예배를 드릴 수 있는 장소들도 마련되어 있었다.

여주교도소는 장기수들이 머무는 곳이라 그곳에 있는 동안 대학을 졸업하는 사람도 있고, 동시통역사 자격증을 따서 나오는 사람도 있다고 했다. 하루 세 끼 밥 주고 다른 사람이 때리지 못하도록 지켜주기도 한다. 그렇다고 사람들이 여주교도소에 가고 싶어 할까?

아닐 것이다. 교도소에 좋은 것이 수없이 많다 할지라도, 그곳에는 보고 싶은 사람들을 만날 자유가 없다.

죄에 대한 가장 큰 대가는 관계를 단절시키는 것이다. 그런데 성경에 보니까 다른 사람이 아닌 바로 우리가 하나님이 아닌 진노와 관계를 맺는 진노의 자녀들이 되었다. 관계적으로 그리스도 밖에 있게 된 것이다.

전에는 우리도 다 그 가운데서 우리 육체의 욕심을 따라 지내며 육체와 마음의 원하는 것을 하여 다른 이들과 같이 본질상 진노의 자녀이었더니

엡 2:3

우리의 아버지는 하나님이 아니라 진노였다. '진노의 자녀'라는 것은 관계적으로 하나님의 혈통이 아니라는 것이다. 예를 들어보

자. 내 이름은 윤종현이다. 아버지의 성이 윤 씨여서 윤종현이 되었다. 이것은 내가 선하거나 악한 것과 아무런 상관이 없다. 영적으로 우리가 지옥에 떨어질 존재가 된 것도 이와 마찬가지이다. 우리가 진노의 혈통 아래 태어났기에 영적으로 나는 진종현이었고, 나의 선함이나 악함에 관계없이 지옥으로 가게 된 것이다.

이보다 나쁠 수는 없다

뿐만 아니라 하나님과 원수가 된다(롬 5:10 참조). 인간이 하나님과 원수가 되었다는 것은 끝났다는 말이다. 창조주와 피조물이 원수 관계가 된다는 것은 가장 최악의 상태가 되는 것이다. 이보다 더 나쁠 수는 없다. 그 죄가 오늘 나에게까지 유전되어 원하든 원하지 않든 죄인으로 태어났다.

우리의 영혼 안에는 KTX 티켓이 하나씩 찍혀 있고, 이 티켓의 종착역은 지옥이다. 그래서 우리는 태어나는 순간부터 그 티켓으로 지옥을 향해 달려가게 되는 것이다. 선하게 살든지 악하게 살든지 관계없이 죄의 끝은 죽음이다. 어떤 행위로 결정되어진 게 아니다.

게다가 영적으로 죽는다는 것은 행위적으로도 죽는다는 것을 의미한다. 본질과 혈통이 죄에 박혀 있고, 죄의 근원과 뿌리로부터 죄가 나오기에 우리는 죄를 지을 수밖에 없다. 그래서 우리는 본질적으로 죄인이고, 행위로도 죄를 짓는 사람들이다. 죄 쪽으로는 박사

학위를 가진 사람들이다. 노력하지 않아도 죄를 짓는다. 우리가 하나님을 떠나게 되면서 어그러졌기 때문이다.

생각이 어그러지기 시작하면 하나님이 주신 진리를 따라 사는 삶이 아니라 거짓말을 믿고 거짓말을 따라 사는 삶을 살아가게 된다. 허망하고 무지하며 어그러지고 깨진 삶을 살게 된다(엡 4:17-19 참조). 그래서 성경은 그 사람의 생각이 어떠하면 그 사람도 그러하다고 말씀하신다(잠 23:7 참조).

예수님을 만난 여인

사마리아 지역에 사는 이 여인은 사람이 많이 모여 있을 만한 시간을 피해 물을 길으러 우물로 나왔다. 아마도 관계에 어려움을 가지고 있었던 것 같다. 그런데 아무도 없을 거란 예상과 달리 한 남자가 앉아 있었다. 게다가 그 남자가 자기에게 말을 걸어오는 게 아닌가.

"목이 마른데 우물이 깊어서 물을 마실 수가 없구나. 가져온 도구를 이용해서 물 한 잔 떠줄 수 있을까?"

처음 보는 남자가, 그것도 잘 생기지도 않은 사람이 말을 거니 이 여자는 기분이 좋지 않았던 것 같다. 그래서 말을 돌린다(성경을 보면 예수님은 흠모할 만한 것이 아무것도 없다고 기록되어 있다).

"내가 보니 당신은 유대인 같은데, 왜 나한테 물을 달라고 그래요? 우리를 개처럼 여기면서 말이야? 웃기지도 않아.”

그랬더니 이 유대인 남자가 더 이상한 말을 한다.

“지금 당신한테 물을 달라고 하는 사람이 누구인지 알았다면 도리어 당신이 나한테 물을 달라고 했을 거다. 당신은 물을 길으러 왔지만 내일도 목이 마를 거야. 하지만 내가 주는 물을 마시면 영원히 목마르지 않을 거다.”

여인은 ‘영원히 목마르지 않는다’는 이야기에 혹해서 이렇게 대답했다.

“여기 물 길으러 오는 게 진짜 힘든데 저한테도 그 물 좀 주세요.”

영원히 목마르지 않는 물을 주겠다던 남자가 뜬금없는 말을 한다.

“가서 네 남편 좀 데리고 와라.”

“저는 남편이 없는데요.”

“네 말이 맞아. 네가 남편 다섯이 있었지만 지금 함께 사는 그 사람도 네 남편은 아니야.”

그 남자는 단 몇 마디의 말로 여인이 살아온 삶을 꿰뚫어냈다. 여인은 깜짝 놀랐다.

‘오늘 처음 만났는데 그 사실을 어떻게 알았을까?’

이후의 이야기에 대해서는 모두가 잘 알 것이다. 그 남자는 예수님이셨고, 예수님을 만난 여인은 마을로 내려가서 사람들에게 외쳤다.

“제가 행한 모든 일을 제게 말해준 사람이 있어요. 와서 만나보세요. 이분은 그리스도가 아닙니까?"

여인의 전도를 받은 마을 사람들도 예수님을 믿게 된다. 그럼에도 사람들은 여인에게 말했다.

"우리가 너 때문에 예수 믿는 거 아니야. 우리가 생명의 주님을 만났기 때문에 믿는 거야."

이야기의 재구성

예레미야서 2장 13절의 말씀에 비춰 이 여인의 삶을 생각해보자. 여인은 생명의 근원 되신 하나님을 떠나 스스로 웅덩이를 파면서 살아왔다. 그 이유는 여러 가지로 추측해볼 수 있지만, 여섯 명의 남자를 좇았던 것을 볼 때 여인이 삶의 고통을 이겨내기 위해 썼던 방식은 남자를 만나는 것이나 성적인 것이 아니었나 싶다. 여인은 불행한 어린 시절을 보내면서 어른이 되기만 하면 행복을 찾아 떠나고 싶었는지 모르겠다.

상담을 하다보면 이런 경우를 꽤 많이 만난다. 사랑해서 결혼한 것이 아니라 원가정에서의 고통을 피하고 싶어서 자신을 구해줄 사람을 찾아 도망한 분들이다. 그런데 이런 분들은 대부분 불행하다. 이전보다 더 고통스러울 수 있다.

사마리아의 이 여인은 소위 잘나가는 남자와 사랑에 빠져 결혼했을지도 모르겠다. 결혼하고 얼마 동안은 너무너무 행복했을 것이다. 그런데 2년쯤 지나자 자꾸 귀에서 이상한 소리가 들린다.

"이 사람이 아닌가봐."

사람들이 흔히 '사랑에 빠진다'라고 표현하는 것은 호르몬적인 사랑을 말한다. 사랑에 빠지면 뇌에서 '페닐에틸아민'이란 물질이 분비되는데, 페닐에틸아민의 수치가 올라가면 이성이 마비되고 행복감에 도취된다고 한다. 그래서 호르몬적인 사랑만으로도 결혼할 수 있는 것이다. 주변 사람들이 다 말려도 질투라고 여기며 결혼에 골인한다.

이 호르몬은 2년 동안 최대치가 나오고, 그 후론 급격히 감소한다. 그래서 2년이 지나면 서로의 단점이 보이기 시작하면서 갈등하고 미워하다 이혼에 이르기도 한다. 전인적인 사랑이 아니라 호르몬적인 사랑이었기 때문이다. 진짜 사랑은 전인적이다. 이러한 전인적 사랑은 의지와 생각과 감정과 선택과 책임이 한데 어우러질 때 가능하다.

전인적인 사랑에 이르지 못한 여인은 계속 남자를 바꿀 수밖에 없었다. 그렇게 다섯 번째 남자까지 결혼하고 헤어지기를 반복하면서 마음의 공허함과 외로움과 목마름을 채워보려고 했지만, 여섯 번째 남자와 살고 있는 지금까지도 목마름은 사라지지 않았다.

그때 예수님이 여인에게 말씀하셨다.

"네가 여기 물을 길으러 오지만 너는 계속 목마르다."

예수님은 육신의 목마름이 아니라 영혼의 목마름을 말씀하고 계셨다.

"네가 계속 남자를 바꾸며 고통을 해결해보려 하지만 순간적인 해결일 뿐이야. 시간이 지나면 또 다른 것을 찾으려고 할 거야. 그런 것으로는 해결이 안 되기 때문이지. 그러나 내가 주는 물을 마시면 너는 영원히 목마르지 않게 된단다."

예수님이 여섯 번째 남편을 불러오라고 하셨지만, 여인은 남편이 없다고 대답한다. 여인의 마음은 이미 그에게서 떠나 다른 사람을 향하고 있었는지도 모르겠다.

그런 그녀에게 예수님은 생명의 근원이신 하나님께 다시 돌아온다면, 영원히 마르지 않는 샘을 갖게 될 것이라고 말씀하신다.

여인은 그분 안에서 하나님의 생명을 발견하게 되었다. 그리고 생명이 채워지자 자신이 누구인지, 무엇을 해야 할지 알았다. 여인은 곧 마을로 달려가 복음을 전한다. 마을 사람들은 예수님을 믿게 되었다.

어쩌면 우리 모두 수가 성 우물가에 앉아 있는 사마리아 여인 같은 사람일지 모른다. 주님은 그런 우리를 찾아오셔서 영원히 마르지 않는 샘을 주겠다고 말씀하신다. 내 안에 있는 고통과 괴로움을 어떻게 해야 할지 몰라 웅덩이를 파고 살아갈 수밖에 없는 나에게 "이제 그만해도 된다"라고 말씀하신다.

"네가 파고 있는 웅덩이는 너를 목마르게 할 수밖에 없어. 그렇지만 내가 주는 물을 마시면 너는 영원히 목마르지 않을 거야. 내가 너에게 주는 물, 영원히 마르지 않는 샘을 마셔라."

우리의 삶이 어떤 상황과 형편 가운데 있든지, 주님이 마르지 않는 샘을 주겠다고 하실 때 이렇게 대답할 수 있기를 바란다.

"예, 주님. 제가 목마릅니다. 저는 그동안 스스로 웅덩이를 파고 살았습니다. 이제 그만하고 싶습니다. 주님이 주시는 생수를 마시고 풍성함 가운데 자라고 싶습니다."

예수님을 선택하면 변화와 행복을 얻게 된다. 우리 삶의 변화와 회복은 예수 그리스도로부터 시작된다. 예수 그리스도가 길이요 진리요 생명이시다. 생명을 떠난 인생이 임마누엘 되시는 하나님과 만날 때 문제는 해결을 향해 나아간다. 이것이 복음이다.

복음을 설명하는 데는 여러 가지 방법이 있겠지만, 나는 예수 그리스도의 피와 살과 영으로 설명하고 싶다. 먼저, 예수님의 피는 우리의 죄를 씻어주신다.

율법을 따라 거의 모든 물건이 피로써 정결하게 되나니 피 흘림이 없은즉 사함이 없느니라 히 9:22

구약 시대 사람들은 죄를 용서 받기 위해 동물에게 자신의 죄를 전가해서 제물로 드리는 속죄제를 일 년에 한 번씩 드렸다. 그런데 예수님이 친히 어린양이 되셔서 죽으심으로 단번에 인간의 과거와 현재와 미래의 죄를 씻어주셨다(히 7:27; 요일 1:9 참조). 그러나 이것이 복음의 전부는 아니다. 예수님은 죄를 만들어내는 공장인 나, 죄인인 나 자신을 해결하신다.

> 내가 그리스도와 함께 십자가에 못 박혔나니 그런즉 이제는 내가 산 것이 아니요 오직 내 안에 그리스도께서 사신 것이라 이제 내가 육체 가운데 사는 것은 나를 사랑하사 나를 위하여 자기 자신을 버리신 하나님의 아들을 믿는 믿음 안에서 사는 것이라 갈 2:20

여기서 맨 앞에 나오는 '내가'는 '죄인인 나'를 말한다. 영적으로 진노의 자식이었던 내가 십자가에 못 박힘으로 이제는 내가 사는 것이 아니다. 그런데 이어지는 말을 보면 '내가' 산다고 한다. 이런 구절들은 우리를 어렵게 한다.

예수님과 함께 죽고 함께 사는 삶

이 구절을 이해하려면 로마서 6장을 이해해야 한다. 예수님을 믿고 나면 세례를 받는다. '세례(baptism)'라는 단어는 영어로는 '다이(dye)', 즉 '염색한다, 완전히 담근다, 완전히 바뀐다'는 뜻이다. 세례를 받을 때 나를 위해 죽으신 예수님과 연합되는 것이다.

구(舊) 소련 시대에는 강에 직접 들어가서 세례를 받았다고 한다.

세례를 받고 강에서 나오면 비밀경찰(KGB)이 기다리고 있다가 그 사람을 잡아 감옥에 가뒀다. 그렇게 감옥 생활을 마치면 그가 그리스도인이라는 걸 모든 사람이 알게 되었다. 형식적인 세례가 아니라 진심으로 받는 세례는 이런 의미이다.

인도에 갔을 때 재미있는 이야기를 들었다. 인도 사람들은 예수님을 쉽게 받아들이지만 세례를 받자고 하면 얘기가 달라진다고 한다. 그들에게 예수님은 유일한 분이 아니라 열한 번째의 신 정도 되기 때문이다. 그런데 세례를 받게 되면 그 사람들의 신분증에 크리스천이라는 표시가 기록된다고 한다. 그러면 사회에서 불이익을 당하고, 가정에서도 거절당한다. 즉 세례를 받게 되면 완전히 다른 세계의 사람이 되는 것이다.

신약성경에 보면 "우리가 항상 예수의 죽음을 몸에 짊어짐은 예수의 생명이 또한 우리 몸에 나타나게 하려 함이라"(고후 4:10)라는 구절이 있다. 이는 예수님의 모든 생명이 나에게 전가된다는 말씀이다.

예수님 당시 죄인에게 내려지던 형벌 중에 살아 있는 사람과 죽은 사람을 함께 묶어놓는 것이 있었다. 그러면 죽은 사람의 기운이 살아 있는 사람에게 옮겨가 서서히 죽어간다. 이를 두고 '예수의 죽음을 짊어진다'라고 표현한 것이다. 진노의 자녀였던 나는 죽고, 새로운 신분으로 다시 살아나는 것이다.

니고데모가 예수님에게 여쭈었다.

"어떻게 하면 영생을 얻을 수 있을까요?"

예수님은 말씀하셨다.

"네가 거듭나야 하겠다."

인간은 다시 태어나지 않으면 생명으로 돌아갈 수가 없다. 진노의 자녀로 진 씨 성을 가지고 태어난 사람이 하나님의 생명 조금, 진 씨의 생명 조금 가지고 혼합적으로 살아갈 수는 없다. 온전한 변화와 회복이 일어나려면 진 씨 생명은 죽어야 한다. 단절되어야 한다. '예수님의 살'이 말씀하시는 바는 죄의 근원인 죄인이 완전히 죽어버리고 새롭게 태어나야 한다는 것이다.

의인과 죄인의 기준

예수님의 피와 살은 십자가를 말한다. 십자가는 '죄인'을 십자가에 못 박혀 죽게 한다. 그리고 '죄'를 십자가에 못 박아 죽게 한다. 생명을 떠난 사람들은 십자가를 통과해야 산다. 십자가를 통과해야만 이전의 죄가 죽는다.

> 아담 안에서 모든 사람이 죽은 것같이 그리스도 안에서 모든 사람이 삶을 얻으리라 고전 15:22

생명을 떠났던 사람이 생명을 얻게 되면 더 이상 육체대로 살지 않고, 하나님의 생명으로 살아가게 된다.

> 그런즉 누구든지 그리스도 안에 있으면 새로운 피조물이라 이전 것은 지나
> 갔으니 보라 새 것이 되었도다 _고후 5:17_

'새 것이 되었다'는 말은 한 번도 사용한 적이 없는 새 옷과 같이 되었다는 말이다. 다시 태어났다는 말이다. 갓 태어난 아기의 피부는 얼마나 좋은가? 이것이 생명을 얻은 사람의 모습이다. 사망에서 생명으로 옮겨진 것이고, 의롭게 된 것이다.

살아오면서 의인을 만나본 적이 있는가? 진짜 의인을 만나보고 싶은가? 예수님을 믿고 변화된 우리가 바로 의인이다. 그렇게 생각하려니 스스로에게 미안한 마음이 드는가? 그렇지 않다. 우리는 의인에 대한 정의를 다시 내려야 한다. 의인은 착한 사람이 아니다. 성경은 하나님과 연결되어 있는 사람을 의인이라고 했다. 성경이 말하는 의인과 죄인은 행위에 관한 것이 아니라 관계에 관한 것이기 때문이다.

사도 바울은 고린도전서의 첫머리에 "내가 성도로 부르심을 받은 이들에게 편지한다"(고전 1:2 참조)라고 했다. 당시 고린도 교인들은 미성숙한 사람들이었다. 우상을 숭배하고 음란했으며, 서로 시기하고 다퉜다. 그런데 그들을 향해 바울은 "성도라 부르심을 받은

자들"이라는 표현을 썼다. 여기서 말하는 '성도(聖徒)'란 말 그대로 '거룩한 사람(saint)'을 말한다. 성경이 말하는 기준으로 보면 의인이라는 것이다.

하나님을 떠났을 때 우리의 성은 '진' 씨였다. 그런데 십자가를 통과하면서 우리의 성은 '하' 씨가 되었다. 하나님이 우리의 아버지가 되심으로 나는 하종현이 된 것이다. 진 씨의 생명을 가진 사람은 지옥으로 갈 수밖에 없지만 하 씨 생명을 가진 사람은 하나님이 계신 곳으로 간다.

우리가 진 씨에서 하 씨로 옮겨갔다는 것은 굉장히 중요하다. 우리도 죄를 지을 수 있다. 하지만 진 씨가 죄를 짓는 것과 하 씨가 죄를 짓는 것은 다르다. 거듭난 사람들이 죄를 짓는 것은 죄를 지을 수밖에 없어서가 아니라 그 사람이 원하기 때문이다. 본질로부터 나오는 죄가 아니다.

육에 속한 사람

그런데 십자가를 통과하고 생명을 얻었음에도 여전히 풍성한 삶을 살지 못하는 이유는 무엇일까? 왜 치유되고 회복된 삶을 살지 못하는가? 그건 아직 내 마음의 중심에 내가 있기 때문이다.

'육(肉)'이라는 것은 내가 스스로 나의 필요를 채운다는 의미이다. 신약성경에는 예수 그리스도를 믿지 않은 사람에게 복음을 전하는 내용과 예수 그리스도를 믿는 사람들이 자기중심이 아닌 예수 그리스도를 믿는 삶으로 살아가도록 하는 내용이 담겨 있다.

> 너희는 이 세대를 본받지 말고 오직 마음을 새롭게 함으로 변화를 받아 하나님의 선하시고 기뻐하시고 온전하신 뜻이 무엇인지 분별하도록 하라
> 롬 12:2

옛 사람의 삶의 방식을 벗어버리고 성령을 따라 살라는 말이다. 자기중심적인 생각에서 예수 그리스도 중심적인 생각으로 옮겨가라는 것이다. 우리 마음에 방이 100개쯤 있다고 하자. 그중에서 60개 정도는 예수님이 중심이신데, 40개 정도는 내가 주인인 사람이 있다. 이런 사람은 예수님을 잘 믿는 것처럼 보이지만 특정한 문제에만 부딪히면 넘어진다. 예를 들어 남자 문제 혹은 돈 문제에만 부딪히면 넘어진다.

우리는 어떤가? 하나님의 자녀라고 하지만 여전히 예수 그리스도가 중심이 되지 못하고 내가 중심이 되는 부분이 있다면 성숙한 삶을 살아갈 수 없게 된다.

자기중심적인 삶에서 예수 그리스도 중심적인 삶으로 옮겨가는 것, 이것이 바로 제자훈련이다. 영을 따라 사는 삶, 성령을 좇아 사는 삶, 하나님의 음성을 듣고 사는 삶. 이것이 영성이다.

마음에 예수님이 없는 사람은 그분을 믿지 않는다. 그런데 마음에 예수님이 계심에도 자기중심적인 사람은 육적인 그리스도인, 미성숙한 그리스도인이라고 할 수 있다. 영에 속한 그리스도인, 성숙한 그리스도인이란 예수님을 그 마음 중심에 모시고 있는 사람이다. 나는 어디에 속해 있는가?

자력인생을 다루시는 은혜의 통로

예전에는 교회에 가면 교회 청소를 성도들이 했다. 교회 청소에서 가장 부담스러운 구역은 화장실이다. 그런데 한번은 비위가 약한 사람이 화장실을 청소하게 되었다고 한다. 그 사람은 자기를 의지하지 않고 하나님을 의지하려고 화장실 앞에서 기도를 했다. 그랬더니 하나님이 응답해주셨다.

"내가 하겠다."

"하나님, 감사합니다!"

안도의 한숨을 내쉬는데 하나님이 연이어 말씀하신다.

"너를 통해서."

그래서 그 말씀에 순종해 화장실을 청소했다고 한다. 그러면 누가 영광을 받으시는가? 하나님이 받으신다. 재미있는 예화로 전해지는 얘기이지만 많은 생각을 하게 한다.

육체에는 성공한 육체가 있고, 그저 그런 육체가 있고, 실패한 육체가 있다. 이 세 가지의 유형 중에 하나님이 용납하시는 육체는 어떤 것일까? 모두 아니다. 모두가 육체, 즉 자기를 의지하고 살기 때문이다. 하나님의 기준은 성공했느냐 실패했느냐가 아니다. 하나님의 기준은 하나님을 의지하는가, 자신을 의지하는가의 문제이다.

성령을 따라 사는 삶은 내 안에 사시는 성령이 말씀하시는 대로, 인도하시는 대로 살아가는 삶이다. 예수 그리스도 중심으로 살아가는 삶이다. 그래서 복음의 세 번째 요소는 예수 그리스도의 영, 성령이다.

> 우리 생명이신 그리스도께서 나타나실 그때에 너희도 그와 함께 영광 중에 나타나리라 골 3:4

생명이라는 것은 내 삶의 모든 영역에서 그분이 살아 역사하시는 것이다. 그래서 복음은 십자가와 성령이다. 십자가는 이천 년 전에 있었던 복음의 객관적 사실을, 성령은 그 십자가가 오늘 내 삶에 적용되는 역사를 말한다. 그리스도인이라 하면서 여전히 자기중심적으로 사는 사람을 변화시키는 것은 성령이시다. 성령은 날마다 우리의 육의 영역에 십자가를 적용하신다. 그렇게 되면 그 영역에 예수의 생명이 나타나게 된다.

치유의 핵심도 십자가와 성령이다. 우리가 앞으로 할 일은 바로

이 십자가의 복음과 성령의 은혜를 내 삶에 적용하는 것이다. 우울, 거식과 폭식, 외상 후 스트레스, 강박 등에 적용하는 것이다. 그럴 때 성령의 능력이 우리 안의 문제를 해결해서서 예수 그리스도의 생명이 우리를 통해 흘러나오는 삶을 살게 된다.

복음은 피와 살과 영이다. 행위를 변화시키고, 신분을 변화시키고, 생명을 변화시키는 것이다. 우리 삶에 이 세 가지 영역의 복음이 적용될 때 하나님이 의도하신 삶을 살아가게 된다. 창조적인 삶, 역사를 이루는 삶, 비전을 이루는 삶을 살아가게 된다.

우리의 신분을 잊지 말자. 우리 삶의 어떤 문제라도 내게 붙은 껌 같은 것이다. '나'라는 사람에게 '우울'이라는 껌이 붙어 있는 것이다. 나는 하나님의 자녀이다. 그런데 껌이 붙어 있어서 불편하니 떼어내면 된다. 그것은 나 자신이 아니다. 나는 예수 생명으로 살아가는 사람이라는 믿음이 필요하다.

예수님을 믿으면서도 성숙하지 못한 삶을 살아가는 것은 자기중심적인 삶 때문이라고 했다. 하나님은 이처럼 자신을 의지하고 살아가는 인생을 다루실 때 '고난'이라는 방법을 사용하신다. 고난은 우리를 예수 그리스도 중심으로 옮겨가게 한다.

구약에서 고난을 받은 대표적인 인물을 꼽으라면 욥을 들 수 있다. 그는 하루아침에 재산을 다 잃었다. 그리고 곧이어 자녀들이 한 자리에서 다 죽었다는 소식을 들었다. 그럼에도 욥은 "내가 모태에서 알몸으로 나왔사온즉 또한 알몸이 그리로 돌아가올지라 주신 이도 여호와시요 거두신 이도 여호와시오니 여호와의 이름이 찬송을 받으실지니이다"(욥 1:21)라고 고백했다.

문제는 그 다음부터였다. 욥의 온몸에 종기가 일어났다. 얼마나 가려웠는지 질그릇 조각으로 몸을 긁었다고 나온다. 그러자 욥의 고백이 달라졌다. 자기가 태어난 날을 저주하기 시작했다. 그리고 같이 살던 아내도 욥에게 차라리 하나님을 저주하고 죽으라는 악담을 쏟아붓는다. 거기에 세 친구들까지 찾아와 욥을 비난한다. 전통적으로, 종교적으로 죄가 있기 때문에 이런 벌을 받는다는 것이다.

욥은 동방의 의인이라는 평가를 받을 만큼 행위로 의로웠던 사람이다. 그런 사람에게도 고난이 있었다. 예수님을 믿는다고 고난이 없지 않다. 그럼에도 많은 분들이 예수님을 믿으면 고통이나 고난이 없을 것이라고 생각한다.

욥뿐만 아니다. 노아를 보라. 노아가 오백 세 때 하나님이 말씀하셨다.

"내가 이 민족의 패역함을 보지 못하겠다. 내가 너를 통해서 다시 새로운 민족을 시작하려고 한다."

노아가 얼마나 좋았겠는가. 그런데 잠시 후에 "배를 지어라. 꽤 오랜 시간이 걸릴 거다. 이 배는 산꼭대기에서 지어야 한다"라고 말씀하셨다. 살려주시긴 하는데 산에 가서 배를 만들어야 한다는 것이다. 그래도 노아는 순종하여 산에 올라가 배를 만들기 시작했다.

그때 노아가 살던 마을은 관광특구로 지정되었을지도 모르겠다. 노아가 산꼭대기에서 배 짓는 것을 구경하려고 말이다. 생각만 해도 고난스럽지 않은가? 당시 노아의 삶은 멋지고 아름다운 시간이 아니었다. 모든 사람이 "아니오"라고 말할 때 본인 혼자 "네"라고 해야 하는 삶이었다.

또한 바울은 신약성경에서 대표적으로 고난 받은 종이다. 바울이 얼마나 힘이 들었는지 "힘에 겹도록 심한 고난을 당하여 살 소망까지 끊어지고 우리는 우리 자신이 사형 선고를 받은 줄 알았으니"(고후 1:8,9)라고 고백했다.

사도 바울은 거듭난 후 고린도후서를 쓰기까지 이십 년 이상 선교사로 살았다. 그런데 살 소망이 끊어지고 힘에 겹도록 고생했다.

나에게 이런 일이 일어났다면 어떻게 생각했을까? 영적 전쟁이라거나 사탄으로부터 온 고난이라고 생각했을까? 아니면 '내가 무슨 잘못을 했나'를 생각했을까? 우리는 고난의 이유에 대해서 다 알 수 없다. 그러나 한 가지는 알 수 있다. 이 고난들을 통해서 하나님이 우리에게 주시는 메시지는 무엇인가 하는 것이다. 바울은 자신이 심한 고난 당한 것을 고백한 후 이렇게 말한다.

이는 우리로 자기를 의지하지 말고 오직 죽은 자를 다시 살리시는 하나님만 의지하게 하심이라 고후 1:9

하나님의 아들이신 예수님도 고난을 통해서 순종을 배우셨다. 죄가 없는 분임에도, 하나님의 아들이심에도 불구하고 고난을 통해 하나님 한 분에게 집중하는 법을 배우셨다. 우리 인생의 고난은 바로 이런 의미를 가지고 있다. 자기중심적인 삶을 살던 사람에게 예수 그리스도 중심적인 삶을 살아갈 수 있도록 도와주는 것이 고난의 역할이다.

고난이 오면 "나 스스로 일어나고야 말겠어"라며 반항하는 사람들이 있다. 그렇게 일어나지만 여전히 자기를 의지하기 때문에 다시 위기와 고난 앞에서 무너지는 악순환이 반복된다. 반면 자기를 의지하고 살다가 위기가 오고 고통이 오면 깨어지는 사람이 있다. 이런 사람들은 고난을 통해 성장한다.

고난은 예수를 믿든지 안 믿든지 누구에게나 찾아올 수 있다. 고난이 오면 우리는 하나님께 돌아가야 한다. 하나님을 의지하기 시작해야 한다. 그럴 때 우리의 삶은 제대로 된 길로 들어가게 된다.

삼백 데나리온이나 되는 옥합을 깬 여인은 사실 옥합을 깬 것도, 지참금을 깬 것도 아니다. 자기 마음에 가장 중요하다고 생각했던 것을 깬 것이다. 그리고 그 영역에 예수 그리스도를 오시게 했던 것이다.

우리 삶의 변화는 내 삶에서 가장 중요하다고 생각했던 것들을 깨는 데서 일어난다. 그 영역에 예수 그리스도가 오실 때, 주님을 의지하기 시작할 때 치유와 성장이 일어나게 된다.

1. 생명의 근원되신 하나님을 버린 것을 회개하라. 아버지 하나님 없는 고아처럼 살아왔던 것에 대해서 고백하라.

2. 우리가 스스로 아무것도 할 수 없음을 고백하라. 또는 하나님의 도움 없이 문제를 해결할 수 없다는 것을 고백하라.

3. 스스로 웅덩이를 팠던 영역을 보여주시도록 기도하라. 우리의 마음을 점검하라.

   * 다음 페이지의 〈육체목록〉을 작성하면 도움이 될 것이다.

4. 보여주신 웅덩이들을 죄로 인정하고 그 죄들을 회개하라. 그리고 다시 죄에 미끄러진다 할지라도 하나님의 은혜로 회복되게 해달라고 구하라.

5. 다른 사람들에게 지은 죄를 가능하다면 보상하라.

6. 하나님의 도우심을 구하라. 생명의 근원되신 아버지께 돌아가라. 하나님 아버지의 생명을 받아들이라. 예수님을 생명으로 받아들이라.

7. 예수 그리스도 안에 있는 자신의 새로운 정체성을 발견하고 누리라.

1. 근심
2. 논쟁적임
3. 점, 점성술, 운세 등에 매력을 가짐
4. 교제를 회피함
5. 편협함
6. 쓴맛(판단, 비난)
7. 하나님을 비난함
8. 허풍을 떠는
9. 으스대는
10. 감정을 감춤
11. 사과를 할 수 없음
12. 불화를 일으킴
13. 변덕스러운
14. 편들 것을 강요함
15. 강박관념 - 생각과 행동
16. 독단
17. 감정에 지배당함
18. 동료의 압력에 지배당함
19. 사람들을 통제
20. 욕심을 냄
21. 비판적인 태도
22. 남을 속임
23. 방어적인
24. 내 권리를 요구함
25. 부인함
26. 우울
27. 지배적임
28. 하나님을 신뢰하지 못함
29. 도움 받는 것이 불편함
30. 칭찬 받는 것이 불편함
31. 약물중독
32. 술취함
33. 종교심이 없음
34. 부러움 - 우울함
35. 현실도피
36. 그릇된 겸손
37. 두려움
38. 약점으로 인한 두려움
39. 도움의 길이 없다거나 약하다고 느낌
40. 사회부적격자라는 느낌
41. 열등하다는 느낌
42. 불안정한 느낌
43. 거부당하는 느낌
44. 우월하다는 느낌
45. 사랑할 자격이 없다는 느낌
46. 부당한 대우를 받은 느낌
47. 가치 없는 존재라는 느낌
48. 수치스러운 느낌
49. 폭식
50. 탐욕
51. 잘못된 또는 정당한 죄책감
52. 다른 사람을 미워함
53. 증오/적대감
54. 적대감
55. 동성애에 대한 갈망
56. 하나님을 적대시함
57. 다른 사람을 적대시함
58. 자신을 적대시함
59. 우상숭배
60. 좋다고 느끼면 무조건 행함
61. 인내심이 없음
62. 충동적임
63. 정결치 못한 생각들
64. 미숙한, 불충분한, 부적당한
65. 다른 사람이나 고통에 대해 무관심
66. 정서적으로 억압된
67. 불안정함
68. 무절제
69. 내성적임
70. 질투
71. 게으름
72. 물질적
73. 신경과민
74. 고집이 세다
75. 고의로 협박함
76. 홀로 있기를 좋아함
77. 빈약한 자기 훈련
78. 쾌락에 대한 열망
79. 교묘하게 조종함
80. 강해야만 함

81. 받은 친절을
    꼭 갚아야만 함
82. 귀신들린 듯한 행동
83. 신비주의에 빠짐
84. 지나치게 조용함
85. 비판에 지나치게 민감함
86. 지나치게 복종적임
87. 육욕적임
88. 성적인 환상
89. 성적 갈망
90. 단정치 못한
91. 독립의 영
92. 주관적임
93. 자살에 대한 생각
94. 하나님을 의심함
95. 다른 사람을 의심함
96. 쉽게 화냄 - 하나님,
    자기자신, 사람들
97. 너무 성급하게 말함

98. 성경을 믿지 못함
99. 통제하기 위해 협박, 약탈
100. 통제하기 위해 죄를 지음,
     속임, 돈을 사용
101. 책임을 회피하기
     위해 수동적임
102. 허영심
103. 움추려 듦
104. 일중독
105. 쓸데없는 걱정
106. 혼자 기뻐하는
107. 자기증오
108. 방종
109. 자기합리화
110. 자기 연민
111. 자신만을 의지하는
112. 독선
113. 이기적인
114. 거만한

115. 야망, 소유욕
116. 이기적인 시간 사용
117. 수동적임
118. 순응적 자세
119. 완벽주의
120. 다른 사람을 편드는 행동
121. 자신을 편드는 행동
122. 편견
123. 무례한
124. 자만
125. 늦장 부림
126. 상스러운
127. 비난의 화살을 떠넘김
128. 소문내기 좋아하는
129. 쉬지 못함 - 일중독
130. 슬픔
131. 이익에 골똘한
132. 자책하는
133. 자기비하

상처의
뿌리를
발견하라

PART 2

생명의 세 가지 영역

아름답고 건강한 열매를 맺는 삶을 살려면 세 가지 형태의 생명이 공급되어야 한다. 하나님으로부터 채워져야 하는 '근본적인 생명'과 사람으로부터 채워져야 하는 '기본적인 생명', 생명을 유지하는 데 필요한 '일상적인 생명'이다.

하나님으로부터 오는 생명

우리 삶에 있어서 가장 중요한 생명은 하나님으로부터 오는 것이다. 이것을 '근본적인 생명'이라 부른다. 하나님은 사람을 창조하시고, 사람과 온전히 사랑의 교제와 관계 가운데 들어가는 것을 기뻐하셨다. 그분과 지속적이고 반복적인 관계 가운데 들어갈 때 주어지는 생명이 근본적인 생명이다. 이 생명을 공급받지 못해 자기 스스로 채우려고 할 때 여러 문제가 생기는 것을 보았다.

사랑을 나눌 관계가 필요하다

이것이 전부는 아니다. 하나님은 아담을 홀로 두지 않으시고 그에게 하와를 주셨다. 성경은 그 이유가 "사람이 혼자 사는 것이 좋지 아니하니"(창 2:18)라고 했다. 하나님은 사람이 다른 사람을 필요로 하도록 창조하셨다. 이것을 '기본적인 생명'이라고 한다.

작은 아이가 초등학교 3학년 때 친구들과 참 친했다. 덕분에 부모들도 친해졌는데, 우리 집이 이사를 가게 되어 네 가정이 하루 정도 함께 시간을 보내기로 했다.

공교롭게도 네 가정이 각 종교를 대표하는 모양새가 되었다. 무신론자 가정, 불교 가정, 유교 가정, 기독교 가정이었다. 네 가정의 남편 분들은 다들 굉장히 가정적이어서 직장이 끝나면 최우선순위를 가정에 두고 집으로 돌아왔다. 그중에 한 분은 세계사를 너무 좋아해서 개인적으로 세계사 공부를 많이 했고, 주말에 아이의 친구들을 집에 초대해서 세계사를 가르쳐주곤 했다. 정말 훈훈하고 따뜻한 분위기 아닌가?

이 사람들은 신앙생활을 하지 않거나 혹은 다른 신앙을 가지고 있는 사람들임에도 굉장히 행복하고 건강한 가정을 이루며 살고 있었다. 그런데 아이러니하게도 지난 이십 년 가까이 상담을 해오면서 만났던 문제 가정의 90퍼센트 이상이 교회에 나오는 사람들이었다. 그런 모습을 보면서 마음이 너무 아팠다. 하나님을 알면 알수록 사람을 사랑하게 되어 있다. 그렇기에 우리는 마땅히 그래야 한다. 그리고 사람을 사랑하면 사랑할수록 하나님을 발견하게 되어 있다. 이것은 동전의 양면과 같은 것이다.

구약에 나오는 십계명은 딱 두 가지, 하나님을 사랑하고 사람을 사랑하라는 것으로 요약된다. 예수님은 이것을 두고 "주 너의 하나님을 사랑하라 하셨으니 이것이 크고 첫째 되는 계명이요 둘째도 그와 같으니 네 이웃을 네 자신같이 사랑하라"(마 22:37-39)라고 말씀하셨다.

이것은 우선순위의 문제인 것이지, 어떤 것은 하고 어떤 것은 하지 말라는 의미가 아니다. 그래서 신앙생활을 잘한다면 부모와 자녀 간에, 또 부부 간에 건강한 관계가 유지되어야 한다. 서로 사랑을 주고받는 관계가 있어야 한다는 것이다.

생명을 유지할 환경이 필요하다

그뿐인가? 하나님은 우리에게 "생육하고 번성하여 땅에 충만하라, 땅을 정복하라"(창 1:28)라고 말씀하셨다. 사람에게는 환경이 필요하기 때문이다. 이것이 일상적인 생명이다. 사람은 먹고 마셔야 하며, 안전하게 거하고 잠을 잘 수 있는 거처를 필요로 한다. 어떤 분들은 이런 건 중요하지 않고 오직 믿음으로 살아가야 한다고 말한다. 얼핏 들으면 맞는 말이다. 그런데 먹는 것, 마시는 것이 정말 중요하지 않을까?

예수님은 "사람이 떡으로 살 것이 아니요"라고 말씀하신 것이 아니라 "떡으로'만' 살 것이 아니요"(마 4:4)라고 하셨다. 즉 "떡도 필요해. 하지만 그것으로만 사는 것은 아니야"라고 말씀하신 것이다. 안 그랬으면 예수 믿는 사람은 벌써 다 굶어 죽었을 것이다. 예수님이 보여주셨던 기적 중에도 먹는 것과 마시는 것에 관련된 것이 많다.

신학대학교 동기 중에 아프리카 선교사로 나가 있는 친구가 있다. 이 친구는 신입생 때 자기는 신학대학교에 올 마음이 없었다고 고백했다. 당시 좋은 대학교에 합격했는데, 부모님이 신학을 하라고 하시는 바람에 억지로 끌려서 신학대학교에 왔다는 것이다. 그러니 학교생활이 재미가 없어 늘 인상을 구기고 다녔다.

얘기를 들어보니까 부모님이 탄광촌처럼 어려운 곳을 찾아다니며 목회를 하셨기에 어린 시절에 너무 어렵게 살았다. 학교에 공납금을 제대로 못 내서 창피도 많이 당했다. 그러다 보니 이 친구는 부모님을 보면서 하나님의 은혜와 영광과 사랑을 경험한 것이 아니라 '목사가 되면 고생한다'는 경험을 했다. 그러면서 '나는 절대로 저렇게 살지 말아야지. 나는 절대로 목사가 되지 말아야지'라고 수없이 다짐하며 살아온 것이다. 그런데 지금은 아프리카에서 선교사로 헌신하고 있다. 하나님이 변화시키신 것이다. 어쨌든 그 친구의 어린 시절은 마땅히 채워져야 했던 것들이 잘 채워지지 않음으로 삶의 고통으로 남아 있었던 경우이다.

균형이 필요한 삶

내가 만났던 기독교 지도자들 중에도 안타까운 분들이 있었다. 하나님 앞에서 최선의 삶을 살아가고 누가 봐도 헌신하는 분인데, 그 분의 아내와 아이들을 만나면 전혀 다른 스토리를 가지고 있는 경우였다. 무능력한 아버지, 자녀들의 필요를 잘 채워주지 못하는 아버지, 교회에서는 굉장히 좋은 지도자인데 자녀에게는 별로 의미 없는 아버지…. 이런 이야기들을 얼마나 많이 듣는지 모른다.

우리나라 교회의 50퍼센트 가까이가 자립이 안 된다고 들었다. 그런데 먹고 자고 입고 집세를 내야 하기 때문에 사모님이 일하는 경우가 많다. 그런 사모님 중에 어떤 분들은 우울증을 겪기도 한다. 삶의 무게가 너무 무겁기 때문이다. 안타까운 일이다.

우리의 삶은 하나님으로부터, 사람으로부터 채워져야 하는 것, 그리고 먹고 자는 것과 같은 환경적인 요건들이 다 채워져야 한다. 즉 삶의 균형이 이루어져야 한다는 것이다.

생명의 고갈,
상처

삶에 채워져야 하는 세 가지 생명의 영역 중에 채워지지 않은 부분에 대해서, 우리는 '상처 받았다'고 말한다.

상처에는 A형 상처(필요한 것의 부재, Absence of necessary good things)와 B형 상처(나쁜 경험, Bad things that happen)가 있다.

A형 상처는 반복적이고 수동적인 상처로, 우리가 상처인지도 잘 모르는 것이다. 이는 내 삶에 마땅히 있었어야 하는 좋은 것들이 부재한 경우에 생긴다. 그래서 비슷한 시대를 살아온 사람들은 비슷한 결핍을 경험한다. 특히 우리나라 같은 경우는 1950년대 한국전쟁 이후에 모두가 굉장한 어려움을 겪었다. 부모님들 세대는 살아남는 데 총력을 기울였다. 배우자와 아이들에게 하루 세 끼의 식사

를 제공하기 위해서 말이다. 그것이 삶의 모든 초점이었다. 그래서 열심히 사셨다.

그때는 다 어려웠다. 그때에 비하면 지금 우리나라는 비교할 수 없을 만큼 많이 성장했다. 그런데 문제는 어쩌면 1950년대보다 지금이 정서적으로는 더 불행할 수 있다는 것이다. 그 시대를 지나 어른이 되고 기성세대가 되었는데, 우리의 내면은 채워져 있지 않기 때문이다. 우리 삶에 마땅히 채워졌어야 하는 정서적인 안정감을 주는 좋은 것들이 결핍되면서 피폐하고 핍절한 삶을 살아가고 있다.

이러한 결핍들은 관계의 어려움을 낳는다. 사람들을 신뢰하기가 어렵다. A형 상처가 많은 사람들은 감정을 담당하는 뇌인 변연계가 과활성화되어 부정적인 감정들을 많이 느끼게 된다. 즉 변연계가 반복적인 상처에 의해 심각하게 영향을 받는다.

B형 상처는 충격적인 상처이다. 적극적인 상처이다. 일반적으로 상처라고 말하는 것은 B형 상처이다. 길을 걸어가다가 발에 못이 찔리면 너무 아프다. 이처럼 B형 상처는 나쁜 일이 일어남으로 생기는 외상적인 상처이다. 이 상처는 뇌에서 기억을 담당하는 영역에 영향을 미치며, 생각의 굴절을 가져온다. 즉 B형 상처가 많은 사람들일수록 부정적인 생각, 거짓 신념과 같은 쓴 뿌리 생각을 많이 가지고 있다.

A형 상처이든 B형 상처이든 상처는 우리에게 신체적, 정서적, 성적, 지적, 영적인 영역에 영향을 미치게 된다.

정서적인 상처

정서적인 상처들을 주는 가장 일반적인 방법은 언어이다. 그중에서도 부모가 자녀에게 했던 말들이 어려움이 되는 경우가 많다. 만일 하루의 일을 마치고 집에 가기 위해 버스 정류장에 서 있는데, 어떤 사람이 나를 쳐다보면서 "되게 못 생겼네"라고 했다 하자. 그러면 우리는 "날 언제 봤다고 잘 생겼느니 못 생겼느니 해?"라고 반박하고는 잊어버릴 것이다. 이런 사람에게는 상처 받지 않는다.

그런데 아버지나 어머니가 어렸을 때부터 "야, 넌 진짜 못 생겼다. 넌 누구 닮아서 그러냐?"라고 했다고 하자. 이건 완전히 다른 얘기가 된다. 내 삶에 의미 있는 사람이 나에게 부정적인 말을 하면 그것이 진실로 믿어진다.

가정 안에서 상처를 주는 일 중에 하나가 편애다. 유교 집안에서 자란 자매가 있었는데, 얼마나 철저한 집안이었는지 자라면서 아버지와 오빠랑 겸상을 한 적이 없다고 했다. 항상 남자들이 먹고 남은 음식을 먹고 자란 것이다. 그 얘기를 하면서 자기는 아버지와 오빠가 너무 원망스럽다며 울었다. 그 이야기를 듣는데, 갑자기 궁금

해져서 내가 물었다.

"자매님에게 아들과 딸이 있으시죠? 근데 아들이 좋으세요, 딸이 좋으세요?"

"흑흑, 아들이 좋지요."

자기가 편애를 당해서 고통스러운 삶을 살아가고 있으면서도 자기 역시 아들을 편애하고 있었다.

성적인 상처

성적인 상처는 어렵다. 사탄이 우리의 삶을 파괴하는 효과적인 방법 가운데 하나이기도 하다. 성적인 상처는 어린 시절에 겪는 경우가 많다. 사탄도 어린 시절에 상처를 주면 평생 동안 정체성에 영향을 받는다는 걸 안다. 그래서 어린 시절에 건강하지 않은 경험과 상처를 경험하게 만들려고 한다. 이것은 의식적으로, 무의식적으로 현재의 삶에 계속 영향을 미친다. 그리고 많은 경우에 성적인 상처는 우리에게 수치심을 준다.

성적인 상처를 직면하는 일이 어렵지만, 이것을 하나님 앞에 가지고 나아가 빛 가운데 드러내어야 한다. 그렇게 상처들 안에 숨겨져 있는 거짓말과 쓴 뿌리들이 하나님의 진리로 바뀌어질 때 온전히 치유되며, 수치스럽지 않은 삶을 살게 된다.

지적인 상처

지적인 상처는 부모가 자녀의 선택을 가로막으며 자신과 동일하게 생각하도록 강요할 때 일어난다.

교대에 다니던 한 자매가 있었다. 그녀의 아버지는 선생님이 되고 싶었다. 그런데 그 꿈을 이루지 못했고, 자녀를 낳으면 꼭 교사를 시키겠다는 다짐을 했다고 한다. 자매는 원래 찬양사역자가 되고 싶었지만, 아버지에게 "선생님이 되기 싫어요"라는 말을 하지 못했다. 그렇게 말했다가 아버지가 놀라 쓰러져 병원에 입원하시는 경험을 한 후로 다시는 그 말을 하지 못하게 된 것이다. 자매의 아버지는 두려움을 통해 자녀들을 조종하고 통제하고 있었다.

자매는 교대를 졸업해 교사가 된 후에도 찬양사역자가 되고 싶은 마음과 아버지의 꿈 사이에서 괴로워하다 상담을 왔다. 상담을 마치고 몇 달이 지나 자매에게서 전화가 왔다. 결국은 학교를 그만두고 하나님의 부르심을 따라 찬양사역자의 길을 가기로 선택했다는 것이다.

우리에게 은혜가 임하고 성령이 역사하게 되면 '선택'을 시작한다. '아니오'를 말하기 시작하고, 다른 사람이 원하는 것이 아니라 내가 원하는 것, 하나님이 원하시는 것을 선택하기 시작한다.

영적인 상처

영적인 상처는 꼭 불교이거나 유교나 샤머니즘일 때 받는 건 아니다. 기독교 신앙생활을 하는 경우에도 상처를 받을 수 있다. 부모가 자녀에게 지나치게 종교를 강요하면 시간이 지나 스스로 선택할 수 있게 되었을 때 신앙을 버리는 아이들을 종종 본다.

내가 군 생활할 때는 주일이 되면 신앙에 관계없이 인원을 나눠서 불교, 기독교, 천주교로 보내곤 했다. 그러다 보니 군대에서 세례를 여러 번 받는 분들도 있다. 또 어떤 분들은 초코파이와 음료수를 받으려고 교회에 가기도 한다. 그렇게 신앙을 강요받은 사람들은 시간이 지나 상병, 병장이 되면 더 이상 교회에 가지 않게 된다. 내무반에 있는 게 더 편하기 때문이다. 이런 부분이 부정적인 영향을 미칠 수 있다.

예수 그리스도를 믿는 것이 너무 좋은 것이기 때문에 부모가 자녀에게 예수 그리스도를 믿는 것에 대해 권하는 것까지는 좋지만, 그들의 의지를 넘어서면서까지 신앙을 강요하게 되면 그 신앙은 건강한 신앙이 되기가 어렵다.

하나님도 사실은 우리에 대해 끝까지 참고 기다리신다고 말씀하신다. 그렇다면 부모가 자녀에게 할 수 있는 것도 기다리는 것뿐이다.

우리 집 큰아이는 어렸을 때 예수님을 영접했다. 우리와 같이 기도했고, 성령도 경험했다. 방언도 했다. 그런데 어느 날, 큰아이가

도전을 해왔다.

"아빠, 나 하나님이 계신 거 모르겠어."

"아빠, 하나님은 내 기도를 안 들어주셔."

그러면서 안 들어주실 만한 기도만 한다. 그러고는 하나님을 기도를 안 들어주시는 믿을 수 없는 분으로 만들어갔다.

그래서 내가 그랬다.

"괜찮아, 아빠도 그랬어. 아빠도 십대 후반에 예수님 믿었어. 아빠도 교회 오래 다녔는데 하나님 안 믿어졌어. 괜찮아."

몇 년 전에 안식년을 다녀왔는데, 호주에서 일 년 동안 그곳 교회에서 아이들과 예배를 드렸다. 그런데 예배드리러 가면 큰아이는 들어가는 순간 잠이 들어서 끝나는 동시에 깼다. 속으로는 너무너무 안타까웠다. 하지만 큰아이의 마음이 움직이지 않으니 같이 가주는 것만으로도 감사해할 뿐이었다.

그러다가 2013년 여름, 교회 캠프에서 거듭남을 경험했다. 집으로 돌아온 아이는 나와 눈을 마주치자마자 "아빠, 나 하나님 만났어. 하나님이 나에게 이렇게 말씀하셨어"라고 말했다.

그런데 그 말이 그냥 하는 말이 아니라 큰아이의 영혼 깊은 곳에서 나오는 말이란 걸 알게 되었다. 그날부터 이 아이가 달라지기 시작했기 때문이다. 학교와 교회에서 찬양을 인도하며 하나님에 대한 열심과 열정이 살아나는 걸 보았다. 생명이 그 안에 들어가니 더 이상 예배시간에 졸지도 않는다. 부작용이라면 예배 시간에 조는 친구들을 비난하기 시작했다는 거다.

이 시간이 언제 끝날지 몰랐는데, 너무 감사하게도 십대가 다 지나기 전에 하나님이 만나주셔서 얼마나 큰 은혜인지 모르겠다. 나는 그렇게 인내하는 스타일이 아니다. 오히려 아이를 학대할 가능성이 많은 사람이었다. 그러나 거듭남과 치유를 경험한 나는 이제 아이를 기다려줄 수 있게 되었다. 그랬더니 이 아이가 지금은 조금 걱정이 될 만큼 열심히 하나님을 따라가는 삶을 살고 있다.

상황에 적합한 치유법 찾기

상처를 받은 사람은 상처를 주게 된다. 사람은 자신이 경험한 것 이상의 삶을 살기가 어렵다. 그래서 치유와 회복이 필요하다. 내가 사랑하는 사람들을 위해서, 내가 가보지 않았던 새로운 길을 가보기 위해서 말이다. 이 길은 어색하고 불편하다. 하지만 이제는 가야 한다.

안전한 장소가 필요하다

살아가면서 상처 받지 않는 가장 안전한 곳은 가정이어야 한다. 그런데 안타깝게도 상담을 하다 보면 가정에서 상처를 받는 사람들이 제일 많은 것 같다. 그 다음으로 안전한 곳이 어디이면 좋을까? 교회이면 좋을 것이다. 그런데 교회가 안전한가? 안타깝게도 안전하지 않다.

"집사님, 이거 비밀인데요, 집사님만 알고 계세요."

일주일만 지나면 전 교인이 다 안다. 교회가 안전하지 않다는 말이다.

내가 치유되고 회복된다고 해서 부모도 치유되고 회복되는 건 아니다. 그렇다면 A형 상처가 치유되기 위해서는 어떤 과정이 필요할까? 오래 참는 사랑의 관계가 필요하다. 누군가 내게 영적인 아버지, 어머니, 형제와 자매의 역할을 해주어야 한다. 대체 부모가 필요하다는 말이다. 하나님의 사랑이 공동체에 있는 형제자매를 통해서 흘러오게 될 때 오랜 시간이 필요한 A형 상처도 치유될 수 있다.

B형 상처는 A형 상처와 치유법이 다르다. B형 상처는 치유세미나, 치유집회, 기도집회 등을 통해서도 치유가 가능하다. 하나님이 상처들을 하나씩 꺼내 용서하게 하시고, 생각을 바꿔주시고, 치유하시는 일들이 일어날 수 있다.

우리 삶 안에 있는 영역 체크

지금까지의 이해를 토대로 아래의 표를 체크해보자. 이 작업은 하나님이 우리가 상처 받은 영역을 다루실 수 있도록 준비하는 것이다. 하나님이 우리를 치유하실 수 있도록, 우리의 내면 안에 있는 것과 과거의 상처들을 드러내는 작업이다.

이제 기도하면서 자신의 마음을 살펴보자.

'하나님, 제 삶 안에 있는 A형과 B형의 상처들, 결핍되어 있던 것들, 충격적으로 입었던 상처를 드러내주옵소서. 이 영역들을 한 가지 한 가지 다루어나가고 싶습니다. 그동안 의식적으로, 무의식적으로 피하고 생각하지 않으려 했습니다. 그런데 현재의 삶에 계속해서 쓴 열매들이 나타납니다. 하나님, 도와주옵소서. 성령님, 제마음을 살펴볼 수 있도록 믿음과 용기를 주옵소서. 제가 더 이상도망가지 않게 도와주옵소서.'

다음 페이지에 나오는 〈상처 파악 질문지〉를 통해 우리의 삶 속에 혹 신체적, 성적, 정서적, 지적, 영적 학대가 있었는지 생각해보라.

각 유형 중에 당신이 피해를 입었던 부분이 있다면 그러한 학대가 발생했던 때의 나이를 적어라. 그리고 나서 다음 척도를 사용해서 학대가 전반적으로 얼마나 자주 일어났는지 기입하라(1=한 번, 2=때때로, 3=정기적으로, 4=자주, 5=매우 자주). 그리고 마지막 난에 학대자의 이름과 관계를 적어보라(예: 아버지, 어머니, 오빠, 누나, 계부, 계모, 배우자-파트너, 삼촌, 이모, 사역자, 상담자, 낯선 사람, 이웃 등).

상처 파악 질문지

상처의유형	나이	빈도수	학대자
신체적 상처			
예 : 떠밀기	8, 18-30	5	엄마, 계부
떠밀기, 밀치기			
때리기, 치기			
긁기, 타박상			
태우기			
자르기, 상처내기			
골절, 부러뜨리기			
내장기관 손상			
영구적인 상해			
매질, 채찍질			
머리카락이나 귀 잡아당기기			
부적절한 치료			
부적절한 음식, 의복			
기타			
성적인 상처			
희롱/외설적인 말			
부적절한 접촉			
성적인 만짐			
자위행위			
오랄 섹스			
강제적인 성적 활동			
관음증(훔쳐보기)			
노출증(부적절한 신체 노출)			
부모의 성행위 지켜보기			
침실/화장실에 불쑥 들어오기			
성적인 포옹			
몸에 대해 농담하기			
성적인 언어 사용			
물건을 성기에 넣기			
수간(동물과의 섹스 강요)			
신체발달/성적 발달에 대한 비판			
성적 발달에 대한 지나친 관심			
기타			
정서적 상처			
정서적 방치			
괴롭힘, 악의에 찬 술수			

소리 지르기, 고함			
부당한 처벌			
가혹하거나 모욕적인 과제 부과			
가혹한 제재(장시간 옷장, 지하실에 감금)			
유기, 방치, 방관			
신체 접촉의 박탈			
지나치게 엄격한 의복 규정			
사생활 침범			
타인으로부터 입은 상해를 은폐			
비밀을 지키도록 강압			
아이에게 성인의 책임 부과			
다른 가족원이 구타당하는 것을 지켜보게 함			
부모의 다툼 가운데 휘말리기			
가족문제 제공자로 비난당하기			
기타			
지적인 상처			
부모와 똑같이 생각하도록 강요			
생각하거나 의견 표현하는 것을 허락지 않음			
나름대로 한 생각을 놀림			
의사 결정, 문제 해결을 가르치지 않기			
부모가 그들의 의심을 자녀에게 나누지 않음			
기타			
영적인 상처			
삶 속에서 종교지도자/부모가 하나님의 자리를 대신함			
부모 숭배			
완벽주의 요구			
율법적인 규칙에 순응할 것을 강요			
종교적으로 행동하도록 강요			
교회 지도자를 두려워함			
지도/안내 부족			
참된 영성에 대한 정보를 주지 않음			
종교에 중독된 부모			
처벌하는 하나님으로 가르침			
아버지 하나님의 참된 성품을 가르치거나 보여주지 않음			
다른 사람들을 멀리할 것을 완고하게 강조			
다른 사람들이 할 수 있는 정상적인 것들을 하지 못하게 함			
기타			

부르스 리치필드의 《기독교 상담과 가족치료》에서 발췌

사람에게는
마음이 있다

　뉴질랜드의 영성가인 탐 마샬은 "우주에서 가장 전략적인 전쟁터는 바로 마음"이라고 말했다. 결국 우리의 전쟁은 마음의 싸움에서 누가 이기는가에 의해 승자가 결정된다. 내 마음의 싸움에서 하나님의 진리가 이기느냐, 사탄의 거짓이 이기느냐 하는 것이 핵심이다.

　그렇기에 우리는 자신의 내면에서 무슨 일이 일어나고 있는지 알 수 있어야 한다. 우리의 내면을 설명하는 가장 일반적인 표현이 '마음'이다. 마음은 영을 포함하고, 감정과 의지와 생각을 포함한다.

　하나님이 창조하신 세계에는 보이지 않는 세계와 보이는 세계가 있다. 보이지 않는 세계를 우리는 보통 영적인 세계라고 하는데, 영적인 세계에는 하나님이 계시고, 천사도 있고, 사탄도 있다. 보이는 세계에는 사람, 동물, 물건 같은 것들이 있다. 보이는 세계는 물질적인 세계이다.

보이는 세계를 살아가는 사람이 하나님과 의사를 소통하는 방법이 있다. 바로 기도이다. 그런데 기도는 마음이 있는 '사람'만 할 수 있다. 사람이 보이는 세계에서 기도할 때 보이지 않는 세계에 계시는 하나님이 그 음성을 들으시는 것이다.

무엇이 심겨져 있는가

의사인 돈 콜버트는 "몸이 아파서 치료 받으러 오는 환자의 80퍼센트는 마음이 아파서 오는 사람"이라고 말했다. 몸이 가지고 있는 문제의 많은 부분이 마음으로부터 오기 때문이다.

씨앗은 심겨지면 자라서 열매를 맺는다. 우리의 마음도 마찬가지이다. 선한 것이 심겨지면 선한 열매를 맺고, 악한 것이 심겨지면 악한 열매를 맺는다. 하나님의 말씀이 심겨지면 말씀이 자라서 생명의 열매를 맺고, 사탄의 거짓말이 심겨지면 거짓말이 자라서 사망의 열매를 맺게 된다. 그렇기에 열매를 보면 그 마음 안에 어떤 것이 심겨졌는지 알 수 있다.

열매로서 나타나는 말도 마음으로부터 나온다. 그 사람의 말을 들어보면 그 사람의 내면이 어떤지 알기 쉽다. 말과 우리의 내면세계는 굉장히 밀접하다. 그래서 사람들과 관계할 때는 그 사람이 평소에 어떤 말을 하는가를 들어봐야 한다. 그럼 그 마음이 어떤 것인지 알 수 있다.

다음으로, 행동이 있다. 우리가 하는 행동 중 특정한 행동은 마음의 영향을 받는다. 어떤 사람들은 수동적이고, 어떤 사람은 공격적이며, 어떤 사람은 조종과 통제의 삶을 살아간다. 이것은 마음의 영향 때문이다.

오감과 느낌과 감정, 생각도 마음으로부터 나온다. 기억도 마음으로부터 나온다. 사람은 기억의 존재이다. '나'라는 존재는 내가 가지고 있는 기억의 총합이다. 살아오면서 경험했던 모든 것을 합해놓은 것이 오늘의 나이다. 그렇기 때문에 긍정적인 경험이 많으면 긍정적인 삶을, 부정적인 경험이 많으면 부정적인 삶을 살아갈 가능성이 많다.

그리고 결정적으로, 마음으로부터 영적 영역이 나온다. 마음은 주변에 영향을 미치는데, 가장 효과적인 변화가 일어나려면 영으로부터 변화가 일어나는 것이 좋다. 즉 영적인 변화로부터 시작해 최종적으로 신체적인 변화가 일어날 때 전인적인 치유가 일어났다고 보는 것이다.

마음에 뿌려진 씨앗들

우리 아버지는 나에게 늘 이렇게 말씀하셨다.

"넌 왜 제대로 하는 게 하나도 없냐?"

"넌 왜 마무리를 제대로 못하냐?"

아버지의 말은 그대로 내 마음에 심겨졌다. 그리고 무슨 일을 할 때든지 나를 따라다녔다.

'왜 난 마무리를 이렇게 못하지? 왜 제대로 하는 게 없지?'

사람들은 내가 마무리를 잘한다고 말하는데, 스스로는 늘 이렇게 생각했다. 아버지가 심어놓은 말이 맺은 열매였다.

그렇다면 이 마음의 열매를 가져온 씨앗들은 도대체 언제 우리의 마음에 심겨지게 된 것일까?

어느 부부의 이야기다. 남편이 퇴근해서 집에 와보니 아내가 저녁을 준비하고 있었다. 그 뒷모습이 사랑스러워서 살금살금 다가가 뒤에서 꼭 껴안았다. 매우 로맨틱한 장면이지만 아내의 반응은 예상 밖이었다.

"당신, 나한테 왜 이러는 거야? 다시는 그러지 마. 또 그러면 가만 있지 않을 거야!"

아내가 좋아하기는커녕 불같이 화를 내는 게 아닌가? 남편은 깜짝 놀랐다. 나중에 알고 보니 아내가 그렇게 반응한 데는 이유가 있었다. 아내가 어렸을 때 학교에서 집으로 오던 길에 마을 어귀에서 납치를 당해 성희롱을 당한 것이다. 그때 그 사람이 뒤에서 끌어안고 그대로 끌고 갔다고 한다. 이제는 그 일에서 벗어났다고 생각했고 결혼도 했지만, 남편이 뒤에서 안는 순간, 아내의 머릿속에는 본능적으로 자신을 납치했던 그 사람이 떠오른 것이다.

우리가 흔히 말하는 과민반응이라는 것이 대개 이런 형태로 나타난다. 우리가 지금 가지고 있는 감정이 '나를 화나게 하는 사람'이 준 것이 아닐 수 있다.

씨앗을 분별해야 하는 이유

우리 문제의 원인은 환경보다 마음 안에 있는 경우가 더 많다. 환경의 철조망이 우리를 고통스럽게 하는 게 아니라 내 마음의 철조망이 나를 내 마음에서 벗어나지 못하게 하고 나를 제한하고 속박한다. 그래서 환경을 바꾸려는 노력은 순간적으로 문제를 해결하는 것처럼 보이지만 궁극적인 변화를 가져오진 못한다. 그렇기 때문에 우리의 내면 안에 있는 고통과 상처와 아픔들이 치유되지 않은 상태에서 의사소통하는 기술만 배우게 되면 잠깐 해결되는 것 같아 보이지만 반복해서 문제를 만나게 되는 것이다.

육체나무는 삶에서 경험한 신체적, 정서적, 지적, 성적, 영적인 상처들에서 자라난다. 그러므로 진정한 치유를 위해서는 우리가 느끼는 감정과 생각들이 어디에서부터 비롯되었는지를 알아야 한다.

상처에서 자라나는
육체나무

육체나무의 뿌리가 되는 생각들은 상처의 토양에서 자란다. 우리 안에 일어나는 생각들 중에는 하나님으로부터 주어지는 것도 있지만, 세상으로부터 온 것도 있고, 과거로부터 온 것도 있고, 사탄으로부터 온 것도 있다. 이 생각들을 잘 처리하지 못하면 우리는 큰 혼란 가운데 살아갈 수밖에 없다.

육체의 나무를 키우는 생각들

우리가 잘 아는 것처럼 생각에는 의식적인 영역과 무의식적인 영역이 있다. 성경에서도 의식적인 생각에 대해서는 '누스', 무의식적인 생각에 대해서는 '프로노스'라고 단어를 나누어 사용한다. 그러면서 두 영역 모두 새롭게 되어야 한다고 말한다. 또 성경은 죽음에 속한 생각이 있고, 생명에 속한 생각이 있다고 말한다.

육신의 생각은 사망이요 영의 생각은 생명과 평안이니라 롬 8:6

여기서 '육신의 생각'이란 자신의 부정적인 경험을 토대로 판단하고 해석하고 결정한 신념이나 태도, 기대와 같은 것들을 말한다. 하나님이 우리에게 주시는 말씀이 우리 가운데 심겨지면 생명과 평화를 주는 생각으로 자라지만, 육신에 속한 생각, 자기중심적인 생각, 세상으로부터 오는 생각, 사탄으로부터 오는 생각들은 죽음을 가져온다는 말씀이다.

그리고 우리에게 육체의 생각을 믿게 하는 경험이나 그로 인해 형성된 거짓말을 믿게 하는 경험들을 우리는 '상처'라고 말한다. 이렇게 마음이 상처 받을 때 심겨진 부정적인 믿음 체계는 쓴 뿌리를 형성한다. 우리가 부정적인 경험을 하게 되면 육체의 생각, 또는 그 상황에서 내가 믿어버린 거짓말들이 마음에 심겨져 부정적인 감정을 느끼게 되고, 그것은 건강하지 않은 행동으로 연결되는 것이다.

이런 육체나무가 내면 안에 수십, 수백 그루 심겨져 있을 수 있다. 이것이 삶에 계속적인 문제를 일으킨다. 즉 중요한 건 우리 삶의 환경이 아니라 경험 안에서 내가 가지고 있는 생각들이라는 것이다.

몇 년 전 추운 겨울, 카자흐스탄에서 크리스천 지도자들을 대상으로 일주일 동안 세미나를 한 적이 있다. 카자흐스탄 주변 국가들에서는 이런 세미나를 열 수가 없었기 때문에 주변 국가들에서도 많은 분들이 참석했다. 그 분들에게 강의하면서 가장 행복했던 때를 생각해보시라고 했더니, 다들 행복했던 경험을 생각하며 따뜻한 분위기가 되었다.

그리고 곧 굉장히 두렵고 힘들었던 때를 생각해보시라고 했더니 사람들의 표정이 어두워졌다. 그중에서도 국경을 넘어올 때가 가장 힘들었다는 분들이 많았다. 알고 보니 그 자리에 참석한 분들 중에 크리스천이라는 이유로 붙잡혀 가서 고문당했던 분들이 꽤 있었다. 그러다 보니 국경을 건너며 경찰을 만났을 때를 생각하는 것만으로도 몸이 경직되었다. 그런데 이분들이 지금은 모두 안전한 곳에 모여 세미나를 하고 있었다. 생각만으로 행복과 고통을 경험한 것이다.

우리가 어떤 생각을 하면 뇌에서 그로 인해 자극받은 화학물질이 나오고, 그것은 뉴런을 통해서 변연계로 흘러간다. 그리고 행동하는 방식에 영향을 미친다. 분노할 때 몸이 경직되고, 수치심을 느끼면 몸이 움츠러들면서 얼굴이 달아오르는 것도 이런 이유 때문이다.

나는 어렸을 때 길거리에서 파는 만두를 먹고 급성식중독에 걸린

적이 있다. 공부하다가 쓰러졌는데 눈을 떠 보니 병원이었다. 식중독은 곧 나았지만 진짜 문제는 그 다음부터였다. 만두만 먹으면 체하는 거다. 모든 만두가 문제가 있는 건 아니었을 텐데 왜 그런 것일까? 내 뇌에서 경고 신호를 주었기 때문이다.

"너, 만두 먹으면 몸에 문제가 생겨. 식중독에 걸릴 수 있단 말이야."

이처럼 어떤 자극이 주어질 때 특정하게 반응하는 경우, 그것을 잘 따라가 보면 내면 안에 있는 문제를 볼 수 있게 된다. 오감을 통해 발견하게 된 기억들, 삶의 경험들을 통해 그 안에 있는 쓴 뿌리를 찾아낼 수 있는 것이다.

육체의 생각 고리

예레미야서 2장 13절을 기억하는가? 생명의 근원 되신 하나님을 떠나 스스로 웅덩이를 파는 삶, 그것이 자기중심적이고 육체적인 삶이라고 했었다. 이처럼 생명의 근원되신 하나님을 떠나면 사람들은 두 가지 생각에 빠진다.

하나님 없이 정체성을 찾아야 하기 때문에 어떤 것이든지 자신이 원하는 것을 해야 하고, 원하는 대로 되어야 한다는 생각이 자리 잡는다. 그리고 그렇게 되기 위해 열심히 노력한다. 성취와 인정과 쾌락을 추구한다. 그러다 원하는 대로 되지 않으면 다른 사람을 비난하거나 포기해버린다.

'내가 원하는 대로는 안 되는구나. 비참하다. 나는 이제 끝났어.'

우리는 일반적으로 1분에 500단어를 말하는데 그중 80퍼센트가 부정적인 단어라고 한다. 즉 내 마음의 80퍼센트는 이렇게 말하고 있는 것이다.

'난 왜 이러지?'

'난 왜 제대로 하는 게 하나도 없지.'

'나는 항상 이래.'

그리고 20퍼센트 정도만이 이렇게 말한다.

'나는 사랑스러워.'

'하나님이 나를 사랑하셔.'

'하나님이 나를 놀랍게 사용하실 거야.'

부정적인 생각의 소리가 너무 크기 때문에 긍정적인 생각은 묻혀버린다. 그러니 불행한 삶을 살아갈 수밖에 없다.

사랑받고 인정받는 삶, 가치 있는 삶을 살려면 어떻게 해야 하는가? 사실 예수 그리스도 안에 있다면, 우리는 사랑과 인정을 위해 아무것도 더 할 것이 없다. 이미 하나님으로부터 다 받았기 때문이다. 그런데 하나님을 떠나는 순간 스스로 정체성을 만들어가려고 한다. 자신의 힘으로 인정과 사랑을 얻어내려고 한다. 그래서 문제가 생기는 것이다.

이것이 마음 깊이 심겨지면 1차적인 생각으로 굳어진다. 이러한 생각들은 근원적이고, 자기 자신에 대한 부정적인 부분이 많다. 주로 정서에 자극을 받을 때 생기며, 영혼 깊숙이 박혀 나도 모르게 내 삶을 이끌어 간다. 그중 몇 가지를 살펴보자.

버림 받았다는 생각

나는 자라면서 '나는 고아처럼 자라는구나. 아무도 나를 돌봐주지 않아'라는 생각을 많이 했다. 성경은 하나님이 우리를 버리지도 않으실 것이고 고아로 두지도 않으실 것이라고 말하지만, 그 말씀들이 나에게는 적용이 되지 않았다. 정답은 머리에 있는데 마음 안에서는 그렇게 되지가 않았다. 그래서 기도하기 시작했다.

그때 하나님은 나에게 초등학교 3학년 시절을 보여주셨다. 그 시절 음식점을 하다가 망한 우리 집은 멀리 이사를 갔다. 그런데 아버지가 전학을 안 시켜주셔서 매일 버스를 타고 학교에 다녀야 했다. 어린아이가 먼 거리를 버스를 타고 다니려니 너무 피곤하고 힘들었다. 사람이 많으면 사람들에게 이리저리 밀려다니게 되어서 운전석 옆에 있는 엔진룸에 가방을 올려놓고 앉아가곤 했다. 하나님이 그 장면을 보여주신 것이다. 그러면서 말씀하셨다.

"종현아, 네가 이 땅 가운데 태어난 것은 너의 부모님의 선택이 아니고 나의 선택이다. 너는 고아가 아니야."

이 말씀이 내 삶에 얼마나 놀라운 결과를 가져왔는지, 그날 이후로는 더 이상 고아 같다는 생각이 들지가 않았다. 내 마음의 토양에 깊이 박혀 있던 '나는 고아와 같이 자랐다. 나는 불쌍한 아이야'라는 생각이 말씀으로 변화된 것이다.

거짓은 그것을 믿는 사람에게는 진리이지만, 믿지 않는 사람에게는 아무런 의미가 없다. 우리가 믿고 있던 육체의 생각 가운데 주님이 진리의 빛을 보여주시고, 말씀해주시면 그 생각이 사라지는 것을 경험하게 될 것이다.

수치심을 가져오는 생각

수치심은 죄책감과 다르다. 죄책감은 내가 뭔가를 잘못했을 때 느끼는 것이기에, 그 잘못을 수정하고 나면 죄책감은 사라진다. 수치심은 자신의 본질과 존재 자체가 잘못되어 있다고 보는 것이다. 그래서 수치심은 내가 없어지지 않는 한 해결이 안 된다.

자신을 바라볼 때 늘 더러운 창녀 같다고 생각하는 자매가 있었다. 그 자매와 같이 상담하고 기도하면서 어렸을 때 동네에 사는 할아버지에게 성추행 당했던 이야기를 나누게 되었다. 그런데 더 큰 문제는, 성추행 후에 할아버지가 주는 용돈을 받았다는 데 있었다.

창녀는 돈을 받고 몸을 파는 사람을 말한다. 자매는 성추행을 당했지만, 자신은 대가를 받았기 때문에 창녀와 같이 더러운 존재라는 생각을 갖게 된 것이다.

사실 잘못은 그 할아버지에게 있다. 할아버지는 자신의 책임을 회피하려고 용돈을 주었던 것이다. 그럼에도 자신이 문제였다는 거짓말이 그 자매의 마음에 심겨지게 되었다.

이런 수치심의 상처들은 성취와 인정과 쾌락을 추구하는 방법으로는 해결되지 않는다. 그 안에 심겨진 거짓말을 처리해야 한다. 육체의 생각을 하나님의 생각으로, 영의 생각으로 바꿔야 한다.

두려움을 주는 생각

우리 삶에서 가장 많은 영향을 미치는 것 중 하나가 바로 두려움에 관한 게 아닐까 싶다. 죄를 짓기 전의 아담과 하와는 옷을 입을 필요가 없었다. 하나님으로 옷 입고 그분과 동행하고 있었기 때문이다. 그런데 인간이 하나님과 분리되면서 두려움이 들어오기 시작했다(창 3:10 참조).

두려움을 주는 경험들은 우리에게 치명적인 어려움을 준다. 심리학 서적 중에《DSM-5 정신질환의 진단 및 통계 편람》이라는 게 있다. 거기에는 수많은 정서적 장애들이 언급되는데, 그중 많은 부분을 차지하는 것이 두려움이나 여러 가지 공포증에 관한 것이다.

어떤 분이 고등학교 1학년인 아들이 아직도 부모님 방에서 같이 잔다고 상담을 하러 왔다. 밤에 무서워서 혼자 자질 못한다는 것이다. 그래서 그 학생과 상담을 시작했다. 이야기를 들어보니 학생이 어렸을 때 부모님이 새벽에 일을 하러 나가셨는데, 그 사이에 잠이 깨서는 울다 지쳐 다시 잠이 들곤 했다는 것이다. 캄캄한 밤에 자다 깨서 울다 지쳐 다시 잠드는 일이 반복되면서 아이는 밤에 불을 못 끄고 혼자 잠들지도 못하게 되었다. 마음 안에 죽을 것 같다는 생각과 두렵다는 생각이 자리 잡게 된 것이다. 학생과 대화를 나누고는 하나님의 치유하심을 간구했고, 하나님은 진리의 말씀으로 신실하게 응답해주셨다.

학생 안에 하나님의 진리가 들어가자 혼자 자는 것을 더 이상 두려워하지 않게 되었고, 자신의 방에 들어가 불을 끄고 잘 수 있게 되었다. 매일 저녁 '어둠'이라는 자극이 주어지지만, 쓴 뿌리 생각이 사라지자 두려움에서 자유하게 된 것이다.

두려움을 들고 하나님 앞에 나아가 치유를 받게 되면 그동안 그런 두려움을 가지고 살았었는지조차 의심이 들 정도로 두려움과 멀어지게 된다.

무력감을 가져오는 생각

저기 문이 있는데, 거기까지 갈 힘이 없다고 생각한다면 어떻게 될까? 그것이 무력감이다.

내가 어렸을 때 부모님이 많이 싸우셨다. 왜 싸우셨는지는 잘 기억나지 않지만, 두 분이 싸우시면 무언가가 깨지고 부서지는 일이 많았다. 하루는 아버지가 어머니에게 폭력을 휘두르셨는데, 나는 너무 무서워 무작정 도망쳐 나왔다. 장독대에 숨어서 상황을 지켜보는 동안 내 마음 가운데는 계속 '내가 엄마를 도와줘야 되는데, 보호해줘야 하는데…'라는 생각이 들었다.

그때 나는 너무 어렸다. 그런 일을 할 수 없는 게 당연했지만, 그 상황 앞에서 좌절하고 절망했다. 그것이 내 안에 무력감이라는 쓴 뿌리를 형성했고, 치유되기까지 오랜 시간 고통을 겪어야 했다.

직장생활 하다가 무력감이 오면 일을 다 놓아버리는 분들도 있다. 그렇게 회사를 그만두고는 괜찮아지면 다른 곳에 다시 취업을 하는 식이다. 무력감은 학습되고 반복적으로 찾아오기 때문에 반드시 하나님 앞에서 다루어져야 한다.

무가치하다는 생각

상담할 때 만나는 분들 중에 자신이 무가치하다는 느낌을 갖고 있는 분들이 꽤 많다. 우울증을 겪고 있는 분들도 이런 느낌을 많이 갖고 있다. 자신이 태어나지 말았어야 한다는 생각까지 한다. 그런데 이야기를 나누다보면 그런 생각을 갖게 한 사건들이 그렇게 거창한 것이 아니라는 게 놀랍다. 엄마가 경멸하듯 쳐다보았을 때의 눈빛, 상사가 무시하고 경멸하는 듯 쳐다보는 눈빛에 꽂혀도 그런 생각이 들 수 있다.

호주에서 학교 폭력을 쓰는 아이의 상담을 맡은 적이 있다. 이 아이의 부모님은 이혼한 상태였는데, 아버지가 마약중독이면서 자살 충동을 가지고 있어서 어머니는 아이의 안전을 위해 이혼을 선택했다. 그러자 아이는 부모님의 이혼이 자신 때문이라고 생각하게 되었다. 차라리 자신이 태어나지 않았더라면 좋았을 거라는 생각을 하면서, 친구들도 자신을 무가치하다고 말하고 행동한다고 느낀 것이다. 그 마음이 폭력적인 행동으로 나온 경우였다.

혼란과 좌절을 가져오는 생각

때로 부족할 것이 없어 보이는 사람들이 극단적인 선택을 하는 경우를 본다. 그들은 '자신에게 아무런 소망이 없다', '더 이상 길이 없다'고 느끼기 때문에 그런 선택을 한 것이다. 그런데 사실은 그렇지 않다. 우리에게는 어떤 상황과 형편에서도 길이 되시고 빛이 되시며 소망이 되시는 분이 계신다.

또 부모가 자녀를 양육할 때 서로의 기준이 다르면 아이는 혼란을 겪게 된다. 영문도 모르고 부모로부터 폭력을 당하는 경우도 그렇다. 나도 그런 경험을 한 적이 있다. 집에 들어오신 아버지에게 이유도 모른 채 갑자기 뺨을 맞은 적이 있다. 이런 일을 여러 번 겪게 되면 그런 상황을 그냥 받아들이게 되면서 문제를 풀어갈 힘을 잃게 된다.

인지적인 생각

깊이 심겨진 1차적인 거짓 생각은 일상의 생각들로 자신을 드러낸다. 이런 생각은 자동적이고 2차적이며 많은 부분이 부정적이다.

'항상'/'결코'의 생각들

몇 가지 과거의 부정적인 경험을 확대하여 그 일이 '항상' 반복해서 일어날 것이라고 생각하거나 또는 원하는 것을 '결코' 얻지 못하게 된다고 생각할 때 일어난다. 예를 들면 '사람들은 나를 항상 멀리해!', '나는 항상 실패해!', '아이들은 언제나 내 말을 안 들어!'와 같은 것들이다.

마인드 리딩 생각들

이런 생각은 다른 사람이 말하지도 않은 생각을 이미 알고 있다고 믿을 때 일어난다. 자신들이 사람들의 숨겨진 생각이나 느낌을 읽을 수 있다고 믿는 것이다. 그래서 상대의 생각을 확인해보지 않고, 혼자 판단하고 생각하고 괴로워한다. 이런 생각은 사람들 간에 문제를 일으키는 원인이 된다. 하지만 내 마음도 잘 모르는데, 다른 사람의 마음을 어떻게 알 수 있겠는가?

낙인을 찍는 생각들

자신에게나 어떤 다른 사람에 대해서 특정한 낙인을 찍고 다른 여지를 두지 않아 부정적으로 바라보게 된다. 이렇게 낙인을 찍고 나면 객관적으로 사람이나 상황을 바라보기 어렵다.

사람들을 비난하는 생각들

어떤 상황 속에서 자신이 책임을 받아들이는 대신 다른 사람을 탓함으로 문제를 해결하고 싶어 하는 마음이다. 그런데 이런 사람들과 이야기를 나누어보면 마음 깊은 곳에서는 여전히 자신을 비난하고 있는 것을 보게 된다. 이것은 근본적인 해결책이 되지 못한다.

과거에 집착하는 생각들

만족스럽지 못한 현재보다 과거의 환상 속에 머물겠다는 의지이다. '그때 그 복권만 샀다면 지금은 행복하게 살고 있을 텐데…', '그때 거기에 가지 않았더라면 좋았을 텐데…'와 같은 생각들이다.

미래에 집착하는 생각들

미래에 대해 불필요한 염려를 함으로 현실을 살아갈 에너지를 잃게 되다. 이러한 생각들은 아직 일어나지도 않은, 혹은 일어나기 너무나 어려운 가능성들을 생각하며 그 안에 머물러 있게 한다.

부정적인 것에 초점을 맞추는 생각들

특정한 상황에서 나쁜 경우들만 생각하고, 다른 좋은 경우들을 무시해버릴 때 일어난다. 대부분의 사람들이 긍정적으로 바라보고 있는 상황에서도 부정적인 부분을 극대화하면서 괴로워한다.

'당연히 ~해야 한다'는 생각들

이 생각은 터무니없이 비현실적 요구, 속박과 율법으로 이어지며, 정죄감이나 수치감과 연결된다. 또한 비합리적인 죄책감을 만들어냄으로 진실을 가로막는다. 예를 들면, '나는 늘 옳아야 한다', '내 아내는 내게 화를 내서는 안 된다', '세상은 늘 공평해야 한다'는 생각들이다.

완벽해야 한다는 생각들

도달할 수 없는 목표를 세우고는 거기에 도달하지 못할 때 수치감과 굴욕감을 가지고 공격한다. 어떠한 성취도 완벽주의적인 생각을 만족시키지 못한다. '하려면 제대로 해야 한다', '대충할 바에는 안하는 게 낫다', '1등만이 살아남을 수 있다' 등의 생각이다.

쓴 뿌리가 맺는
육체의 열매들

나무는 열매를 맺는다. 그 열매가 제법 모양을 갖출 때까지는 그것이 좋은 열매인지 나쁜 열매인지 알기가 어렵지만 수확의 계절이 가까워질수록 그 결과를 알 수 있게 된다.

우리가 육신에 있을 때에는 율법으로 말미암는 죄의 정욕이 우리 지체 중에 역사하여 우리로 사망을 위하여 열매를 맺게 하였더니 롬 7:5

우리 안에 어떤 쓴 뿌리를 가지고 있으면 그것은 삶의 열매로 드러나서 사람들과의 관계 가운데 나타나게 된다. 성경은 이런 쓴 뿌리가 만들어내는 열매를 '육체의 열매'라고 말한다. 우리가 앞에서 살펴보았던 인정중심적인 삶, 성취중심적인 삶, 쾌락중심적인 삶들이 모두 육체의 열매이다. 이런 육체의 열매들에는 화살을 자신에게로 돌리는 수동적인 열매와 다른 사람들에게로 향하는 공격적인 열매, 그리고 조종과 통제하는 열매가 있다.

수동적인 열매

먼저 인정중심이 가져오는 수동적인 열매에 대해 살펴보자. 예전에 상담했던 한 자매는 빨간색을 보면 우울해지는 경향을 가지고 있었다. 그래서 그 상황을 두고 함께 기도했는데, 그때 하나님이 한 가지 기억을 떠오르게 해주셨다.

자매에게는 언니와 여동생이 있었다. 특이하게도 이 가정에서는 언니와 여동생에게만 옷을 사주고 자매는 언니가 입던 옷을 물려받았다고 한다. 그런데 어느 명절날, 엄마가 또 언니와 여동생의 옷만 사왔다. 그 옷이 빨간 내복이었다. 그날 자매는 이런 생각을 했단다.

'아하, 내가 문제가 있구나. 어쩌면 나는 주워왔거나 입양되었을 거야. 나는 분명히 이 집 사람이 아니구나. 차라리 태어나지 않았으면 좋았을 걸…'

세월이 흘러 자매는 성인이 되어 결혼을 했고 자녀들도 낳았다. 그런데 어느 날부터인가 빨간색을 보면 기분이 나빠지더라는 것이다. 자매에게 빨간색은 어린 시절의 빨간 내복과 연결되어 있었기 때문이다. 살아오면서 그 기억을 잊고 지냈지만, 그 영향력은 오래도록 자매의 마음속에 살아 있었다.

자매와 같이 기도하면서 어머니를 용서하고, 또 자신도 모르게 미워했던 언니와 동생을 마음으로부터 용서하는 시간을 가졌다.

그런데 자매에게 가장 어려운 일은 자기 자신을 용납하는 것이었다. 자기 자신이 문제가 있다고 생각하며 살아왔기 때문이다. 수동적인 열매는 이렇게 자신에게로 화살을 향하게 한다.

또한 수동적인 열매를 가진 사람들은 낮은 자존감과 부적절감을 가지고 살아간다. 삶의 가치라는 것이 눈에 보이는 성취와 인정을 통해서 만들어진다고 생각하기 때문이다. 하지만 성취와 인정을 통해 만들어지는 자존감이라는 것은 상황에 따라 늘 변하기 때문에 건강한 기준이 될 수 없다.

변하지 않는 가치, 변하지 않는 자존감은 하나님의 말씀에 기반할 때 가능하다. 하나님이 나를 누구라고 말씀하시는지에 뿌리를 둘 때, 우리는 흔들리지 않는 자존감을 갖게 된다.

자존감이 낮은 사람들은 다른 사람들에게 인정받고 사랑받으려고 노력한다. 그런데 막상 열심히 노력해서 칭찬을 받으면 그것을 받아들이지 못한다. 이런 자세가 겸손한 것 같지만 사실은 겸손과 거리가 멀다. 왜냐하면 이미 내면 안에 있는 쓴 뿌리와 거짓말들에서 비롯된 결과로 나온 생각이기 때문이다.

예전에 한 치유 프로그램에 참가하고 나서 아버지께 질문을 한 적이 있다.

"아버지, 왜 제가 자라는 동안 칭찬을 안 해주셨어요?"

그랬더니 돌아온 아버지의 대답이 재미있었다.

"네가 뭐 잘하는 게 있어야지."

그런데 그 말을 듣는 순간 아버지도 누군가로부터 인정이나 칭찬을 받아본 적이 없는 사람이라는 것을 깨달았다.

그 후 한국에 돌아왔을 때 가족들과 함께 할머니 산소가 있는 벽제 용미리라는 곳에 갔다. 그때 아버지가 차에서 내리면서 운전을 했던 나에게 말씀하셨다.

"종현아, 너 운전 참 잘 한다."

아버지에게서 생전 처음 들어보는 칭찬이었는데, 나는 여러 가지 변명을 해댈 뿐이었다.

"에이, 아니에요. 오늘 쉬는 날이라 차가 없어서 운전하기 편했던 것뿐이에요. 그리고 차가 좋으니까 잘 나가네요."

그렇게 칭찬을 받기 원했음에도 막상 주어지는 칭찬은 잘 받아들이지 못한 것이다.

또한 수동적인 열매를 가진 사람들은 선택을 잘 하지 못하며, 다른 사람이 화내는 것에 대해 너무 많은 걱정을 한다. 내 마음에 있는 걸 그대로 표현하게 되면 다른 사람들에게 부정적인 영향을 미칠 수도 있다고 생각해서 가급적 표현을 하지 않는다. 이런 분들의 입에 배어 있는 말은 "미안해요", "나 괜찮아요", "나에 대해서 걱정하지 마세요", "당신도 괜찮으면 좋겠어요"와 같은 것들이다. 그렇지만 그 몸의 반응은 전혀 다르다. 주먹을 꽉 쥐고 있거나, 낮고 슬픈 목소리로 말하며, 대부분의 경우 눈은 아래로 향해 있다.

이런 수동적인 열매의 마지막은 자살이다. 실제로 자살을 시도할 수도 있고, 정서적으로 자신의 감정을 다 죽일 수도 있다. 다른 사람이 큰 영향을 받지 않는 일에 대해서도 심각하게 받아들이기 때문이다.

공격적인 열매

사람은 수동적인 열매만 드러내는 게 아니다. 살아가다 '왜 나만 이렇게 살아야 돼', '왜 나만 이렇게 고통 받아야 돼'라는 생각이 들면 공격적인 열매로 삶의 패턴이 달라지기 시작한다.

연세가 지긋한 권사님과 상담을 한 적이 있다. 그 분은 자기가 이렇게 산다고 했다.

"저는 철저히 성경적으로 삽니다. 성경에서 하라고 하는 건 다 하고, 하지 말라고 하는 것은 절대 안 합니다. 교회에서도 저는 옳고 그름을 명확히 합니다. 법에 어긋나는 것은 하지 않습니다."

심지어 이분은 목사님이 설교를 하실 때 성경 구절 하나라도 틀리면 예배 후에 찾아가 실수하신 부분을 꼭 말해줘야 직성이 풀린다고 했다. 사람들이 이분을 대할 때 어떠할지 짐작할 수 있었다. 괜히 꼬투리라도 잡힐까봐 슬금슬금 피해 다니지 않겠는가? 그런데 이분이 상담을 하러 온 것이다.

"이상하게 사람들이 날 싫어합니다."

이상한 게 아니라 당연한 일이다. 다만 본인이 스스로의 문제점을 전혀 깨닫지 못하고 있었을 뿐이다. 그런데 그 분이 덧붙이는 말이 놀라웠다.

"사실은 나도 사람들이 싫습니다. 교회 사람들뿐만 아니라 남편도 싫습니다. 결혼한 지 40년이 넘었는데, 나는 남편을 사랑해본 적이 한 번도 없습니다."

나는 하나님이 문제의 근원을 보여주시도록 권사님과 함께 기도하기 시작했다. 그때 떠오른 것이 권사님의 첫사랑이었다. 첫사랑이었던 남자와 결혼까지 생각하고 있었는데, 어느 날 갑자기 이별 통보를 받았다. 그 남자는 다른 사람을 만나고 있다면서 매정하게 떠나버렸고, 졸지에 실연 당한 권사님은 마음에 큰 상처를 받게 되었다.

몇 달후, 선을 보러 나가서 만나 결혼에 이르게 된 사람이 지금의 남편이었다. 사랑해서 결혼한 것이 아니라 실연의 고통을 피하기 위한 방법으로 남편을 택한 것이었다.

　나는 권사님께 "스무 살 때로 돌아가서 첫사랑이 지금 권사님 앞에 있다고 생각하고 하고 싶은 말이 있으면 다 해보세요"라고 말씀드렸다. 처음에는 조용하시더니 점점 감정이 격해지면서 나중에는 큰소리로 울부짖으셨다. 자기 인생을 망친 그 사람을 죽여야 한다면서 고래고래 소리를 지르시는데, 한동안 다 쏟아내기를 기다리는 수밖에 없었다.

　얼마간의 시간이 지난 뒤, 권사님께 첫사랑을 용서할 수 있겠느냐고 물었더니 절대 그럴 수 없다고 하셨다. 그러고는 다시 욕을 퍼붓기 시작하셨다. 옆에 있던 나는 권사님에게 용서할 수 있는 마음을 주시도록 기도할 뿐이었고, 결국 권사님은 용서에 이르게 되셨다.

　그후에 권사님의 소식을 듣게 되었는데, 더 이상 교회 안에서 사람들에게 화살도 쏘아대지도 않고 행복하게 지내고 있다고 했다. 자기 자신을 받아들이고, 자신을 버렸던 사람을 받아들인 덕분이다.

　그런데 권사님이 그 첫사랑을 용서하는 것이 왜 그렇게 어려웠을까? 하나님이 생각나게 해주신 것은 성관계였다. 권사님은 단순히 결혼이 깨진 것뿐만 아니라 자신의 몸도 더럽혀졌다고 생각했기 때문에 용서하기가 어려웠던 것이다. 그리고 자기 삶의 고통을 해결하는 방법으로 선택한 것이 공격적인 삶이었다.

공격적인 열매를 가진 사람들은 뻔뻔하고 학대하는 경향이 있다. 그리고 다른 사람들과의 관계에서 어떠한 대가를 지불하더라도 이기려 한다. 완력이나 협박으로 자신이 원하는 것을 얻고자 하는 것이다. 이겨야 하기 때문에 논쟁적이며 고집이 세다. 그래서 평소에 손가락질이나 팔짱을 낀다거나 눈을 내리깔고 쳐다보면서 다른 사람을 무시하는 태도를 취하기도 한다. 종종 가장 강력한 무기인 혀를 사용하게 된다.

공격적인 열매를 가진 사람은 고통과 아픔이 올 때 위로를 받으려 하지 않을 뿐더러 다른 사람을 위로하지도 않는다. 내가 누군가로부터 위로를 받는다는 것은 스스로 부족하다고 인정하는 것이기 때문이다. 그 사실을 인정하고 싶지 않아 오히려 비난한다. 그러니 겉으로 드러나는 모습이 매우 거칠다. 상처가 자극되면 사랑하는 사람을 포함한 모든 사람들을 무차별적으로 공격한다. 그러면서도 자기가 상처를 받으면 사람들에게서 물러서려고 한다. 거절을 경험한 사람은 다른 사람들의 동기에 대해 신뢰하지 않기 때문이다.

수동적인 열매의 마지막이 자신을 죽이는 것이라면 공격적인 열매의 마지막은 다른 사람을 죽이는 것이다. 실제로 다른 사람을 죽일 수도 있고, 정서적으로 죽일 수도 있다.

수동적인 열매를 가지고 살아가면 내가 괴롭고, 공격적인 열매를 가지고 살아가면 다른 사람이 괴롭다. 그냥 어느 한쪽에 치우쳐서 살아가는 사람도 있지만 괴로움을 피하고 싶은 사람들은 다른 방법을 찾기 시작한다. 다른 사람을 조종하고 통제하는 것이다.

이렇게 조종하는 열매를 가진 사람들은 간접적으로 공격하고 상처를 줄 수 있다. 실제 그들의 본심도 자기를 이롭게 하려고 하는 것이기 때문에 다른 사람에게 긍정적인 영향을 준다 해도 순수한 의도에 의한 것이 아니다.

조종하는 열매를 가진 사람들은 상대방으로 하여금 그 자신을 작게 느끼도록 만들거나, 직접적으로 표현하진 않지만 눈빛 등으로 무시한다거나 비꼬는 말투를 사용한다. 그럼으로써 자기가 원하는 것을 얻으려는 것이 이들의 목적이다. 사람들을 속이고 무시하면서 겉으로는 웃고 친절하게 대한다.

그렇게 해서 자신이 원하는 방향으로 사람들을 이끌어가려고 하지만, 어려운 상황이 닥치면 우물쭈물하고 직접적으로 접근하지 않는 편이다. 직면하기를 두려워하기 때문이다.

이런 모습 때문에 다른 사람들은 혼란스러워하고 답답해한다. 그 사람의 진정한 느낌과 의도를 알 수 없기 때문이다. 그래서 조종하는 열매를 가진 사람들은 인간관계 측면에서 표면적으로는 사람들의 인정을 받을지 모르지만, 진정한 인정은 받지 못하기 때문에 또다른 고통을 갖게 된다.

조종하는 열매를 가진 사람들은 표면적으로 볼 때 일을 잘한다. 하지만 이 사람들에게는 내 권리, 공평한 것, 적당한 것이 아주 중요한 가치다. 그래서 교만하고 자기중심적이고 오만하고 건방지기도 하다.

이들은 평소 "내 의도는 그런 것이 아니에요", "내가 말했잖아요", "난 모르겠는데요", "사람들이 그러던데요", "이건 아이들도 다 할 줄 아는 건데요"라는 식의 말을 잘한다.

정직하지 못한 삶

아직 삶의 모습이 다 갖추어지지 않은 어린 시절, 이런 방법들을 사용했다가 성공한 경험을 갖게 되면 그 방식을 선호하게 된다. 그 것이 장기화되면 성인이 되어서도 그 방법을 사용하게 되는 것이다.

예를 들면, 세미나를 듣다가 쉬는 시간이 되었다고 하자. 목은 마른데 몸이 피곤하다. 마실 것은 강의실 뒤쪽에 있다. 그렇다면 자기가 가서 가져오면 되는데, 그냥 앉아서 "아, 목말라. 날씨가 왜 이렇게 덥지?"라고 말하는 사람이 있다. 그런데 옆에 있던 사람이 그 이야기를 듣고 음료수를 갖다 주고 에어컨을 틀어준다고 하자.

만약 음료수를 가져다 달라고 직접적으로 말한다면 누가 좋아하겠는가? 그런데 조종하고 통제하는 사람이 자기 안에 있는 의도를 흘릴 때 그것을 덥석 무는 사람이 있다. 수동적인 열매를 가진 사람이다.

이런 성향을 가진 두 사람이 만난다면 처음에는 서로를 천생연분이라고 여길 것이다. 그러나 두 사람이 결혼을 하면 한 사람은 평생 조종하고, 다른 사람은 평생 조종 당하는 삶을 살게 된다. 두 사람이 싸우지는 않겠지만, 모두 불행하게 살 수밖에 있다. 진정한 자신을 알 수 없기에 당연한 결과다.

건강한 사람들은 인격 안에서 사랑의 관계를 맺으며 살아간다. 그런데 건강하지 못할 때는 사람을 도구로 여긴다. 중독이라는 것도 모든 걸 도구화하기 때문에 생기는 것이다.

진리를 행하는 삶

지금까지 살펴본 열매와는 조금 다른 열매가 있다. 이 열매를 가지면 사랑 안에서 진리를 말할 수 있다. 육체의 열매가 아닌 생명의 열매, 성령의 열매가 내 삶 가운데 맺히게 된다.

사랑 안에서 진리를 말하는 열매는 다른 사람들의 관점을 조용히 들을 뿐 아니라 그들의 필요에 민감하다. 자신의 생각과 느낌에 정직하면서도 명확하게 표현하고, 원하는 것을 직접적으로 구한다. 자신만이 아니라 다른 사람들에게도 정직하고 열린 마음을 갖고 있다. 다른 사람들의 인정에 의존하지 않으며, 나에게 권리가 있는 것처럼 다른 사람에게도 권리가 있다는 사실을 받아들인다. 그래서 자신처럼 다른 사람들을 존중할 수 있고, 자신의 선택과 결정에 대한 책임을 받아들인다.

이 열매를 가지면 이렇게 말한다.

"나는 이렇게 하기 원합니다."

"나는 이렇게 느낍니다."

"당신 생각은 어떻습니까?"

"우리 이것에 대해 좀 의논할까요?"

이런 사람들은 말할 때 상대방과 눈을 맞추고 편안하게 말한다. 늘 자신감이 있으며, 자신의 필요와 다른 사람들의 필요에 대해 균형을 잘 유지한다. 그리고 자신의 긍정적인 면과 부정적인 면을 잘 받아들이기 때문에 자신이 편안해지기 위해 다른 사람을 끌어내리지 않는다.

만약 무엇인가 필요한 것이 있다 해도 공격적이거나 억지로 요구하거나 불쌍하게 보이려고 하지 않는다. 설사 상대가 "No"라고 말해도 그 사람을 무시하거나 그 사람이 자신을 존중하지 않는다고 생각하지 않는다. 늘 정직하고 안정감이 있으며 행복하기 때문에 사람들과 좋은 관계를 유지한다. 뿐만 아니라 사람들을 신뢰하고 존중하기 때문에 친밀한 관계를 만들어낸다. 이러한 것들이 사랑 안에서 진리를 말하는 열매라고 할 수 있다.

육체의 열매 다루기

그렇다면 우리 안에 있는 육체의 열매를 어떻게 다룰까? 육체의 열매를 제대로 다루기 위해서는 우선 자신의 열매를 점검해봐야 하고, 또 자신이 어떤 열매를 맺기 원하는지 구체적으로 생각해봐야 한다. 자신 안에 어떤 열매가 있는지 찬찬히 생각해보며 하나님이 보여주시기를 구하는 시간을 가져보라. 수동적인 열매, 공격적인 열매, 조종과 통제의 열매가 있는 건 아닌지 점검해보자. 지금 맺고 있는 현재의 부정적인 상황이 어떠한지를 가능하면 많이 진술해 보라.

그리고 어떤 열매를 맺기 원하는지 구체적으로 생각하고 글로 표현해보자. 이때는 긍정적이고 구체적으로 표현하는 것이 좋다. 실제 행동 차원에서 무엇을 원하는지 구체적으로 표현하되 긍정문으로 기술해보라.

그런 후에는 열매의 변화를 위해서 해야 할 일을 정하라.

- 변화를 위해 우리가 할 수 있는 일에 어떤 것이 있는가?
- 다른 사람으로부터 도움 받을 일이 있다면 어떤 일이 있겠는가?

열매가 변화되었을 때 경험할 수 있는 결과를 구체적으로, 오감을 사용하여 정리해보라. 그리고 실제 상황에서 적용해보라. 실제로 변화가 이루어졌다면 어느 누구도 부정할 수 없는 구체적이며 최종적인 증거가 있어야 한다.

감정,
내 마음의 경고등

생각은 우리의 감정에도 영향을 미친다. 즉 어떤 생각을 하고 있
느냐가 어떤 감정을 느끼느냐를 결정하는 경우가 대부분이다. 그
리고 감정은 우리의 행동에 영향을 준다. 이것을 한 마디로 '행동 경
향성'이라고 말한다. 감정은 특정한 행동으로 옮겨지는 경향이 있
다는 것이다.

정서 장애는 상처로 인해서 생긴 부정적 감정 상태가 특정한 행동
으로 드러나는 것을 말한다. 그래서 우리가 말하는 상처들은 대부
분 감정적인 것이다. 그렇기 때문에 어떻게 해서든 감정을 바꿔보려
고 노력하는 것이다.

하나님이 이르시되 우리의 형상을 따라 우리의 모양대로 우리가 사람을 만

들고 창 1:26

이 말씀은 하나님이 그분의 인격적인 특성을 그대로 우리 안에 넣

어주셨다는 말이다. 감정도 마찬가지다. 감정은 하나님이 우리에

게 주신 것이다. 그런데 우리는 하나님이 주신 감정을 충분히 잘 사

용하기보다는 도망가거나 억압하거나 숨기는 경우가 더 많다. 그

래서 일반적으로 '상처가 많다'라고 얘기할 때 제일 먼저 문제가 생

기는 부분이 감정이다. 하나님이 주시는 대로 반응하지 못하게 되

니까 우리 몸도, 마음도 문제가 생기는 것이다.

감정은 정신적인 모터로, 우리가 행동하는 데 힘을 준다. 그래서

감정에 문제가 생기면 적절하게 반응하지 못하게 되고 행동에 문제

가 생기게 되는 것이다.

또 감정과 몸은 서로 연결되어 있어서 감정에 문제가 생기면 몸

에도 문제가 생긴다. 사람들이 흔히 '마음이 아프다'는 표현을 쓰

는데, '마음이 아프다'는 말을 심장에 문제가 있다는 것으로 해석할

수도 있다. 심장은 감정을 담당하는 뇌의 변연계와 연결되어 있어

서 영향을 주고받기 때문에 실제로 심장에 문제가 생길 수도 있다

는 말이다.

감정 자체는 중성적이다. 내면의 반응이기 때문에 이것으로 '옳다, 그르다, 좋다, 나쁘다'라고 말하지 않는다. 그런데 그 감정이 행동으로 옮겨져 나타나면 평가를 받게 된다. 즉 감정을 잘 표현하면 문제를 일으키지 않을 수 있다.

감정을 잘 표현하려면 우선 있는 그대로의 감정을 인정해주어야 한다. 예를 들어 '화가 난다'는 것을 알면 그 감정에 대한 통제력을 발휘할 수 있게 되는 것과 같다. 그런데 그렇게 하기 전까지 우리는 감정을 폭탄과 같이 생각한다. 어떻게 해야 할지를 잘 모르는 것이다. 그래서 느끼고 싶지 않은 감정이 느껴질 때 그것을 인정하고 잘 다스리는 것이 아니라 억압하거나 싸우거나 아니면 도망치는 반응을 보인다. 그러면 감정을 제대로 다룰 수 없다. 우리가 느끼고 싶지 않은 감정을 제대로 처리하지 않으면 우리는 계속해서 웅덩이를 파게 되거나 주도적인 삶을 살지 못하고 감정에 이끌리는 삶을 살아가게 된다.

경고 계기판, 감정

자동차는 문제가 생기면 계기판에 경고등이 들어오도록 되어 있다. 기름이 떨어져가거나, 엔진에 문제가 생기거나 하면 해당 경고등이 깜빡거리며 신호를 보낸다.

나는 유학갔을 때 중고차를 샀다. 가난한 유학생인데다 처음 사보는 중고차라 파는 사람의 말만 믿고 그냥 사왔다. 며칠 지나자 엔진점검등에 불이 들어왔다. 하지만 엔진에 문제가 생겼다는 생각은 하지 못하고 그저 계기판에 문제가 있어서 경고등이 들어오는 거라고만 생각했다.

수동적인 열매를 가진 사람들이 이렇게 반응한다. 마음에서 뭔가 깜박깜박 신호를 보내는데 그냥 무시한다.

'괜찮아, 별 일 아니야.'

공격적인 열매를 가진 사람들은 망치를 갖고 와서는 불이 들어오는 계기판을 깨버린다. 그러고는 이렇게 생각한다.

'이제 불이 안 들어오네. 별 일 없는 거야.'

조종과 통제하는 사람은 경고등에 까만 테이프를 붙여버린다.

'봐, 별 일 없잖아. 괜찮아.'

나도 그랬다. 그리고 일 년 뒤, 내 차의 엔진은 멈춰버렸다. 문제는 경고등이 아니다. 그 아래 있는 엔진이다. 감정이 문제가 아니라 그 아래 보이지 않는 무언가 있다는 말이다. 그러니 감정과 싸우지 말고, 감정을 잘 따라가서 그 감정이 어디서부터 시작되었는지를 봐야 한다. 감정을 잘 살펴보면 우리가 가진 상처의 근원을 찾아가는 데 도움을 얻을 수 있다.

우리가 어떤 고통을 겪을 때 보통은 그 고통이 소화되어야 한다. 그런데 그러지 못하고 기억 안에 굳어진 채로 남게 되면 특정한 자극을 받을 때마다 그것이 드러나게 된다. 두려워할 것이 없는 곳에서도 두려워하는 것이다. 그럴 만한 일이 아닌데 지나치게 두려워한다.

나는 결혼하기 전까지 화를 잘 내는 사람이었다. 그렇지만 결혼한 후에는 감정을 잘 조절하고 있다고 생각했다. 그런데 어느 날 아내와 이런 대화를 나누고 난 후에 그 생각이 틀렸다는 걸 알게 되었다.

"여보, 화 좀 내지마."

"여보, 나 화 안 났어. 좀 짜증났을 뿐이야."

"그게 바로 화난 거야."

글로리아 윌콕스라고 하는 분이 개발한 '감정의 수레바퀴'라는 것이 있다. 이 수레바퀴의 중심에 있는 것을 '핵심 감정'이라고 한다. 바깥으로 갈수록 1차 감정, 2차 감정이라고 말할 수 있다. 감정도 레벨이 있다. 근원적인 감정, 즉 핵심 감정은 상처 받은 감정이 해소되지 못한 채 기억으로 굳어지고, 자극을 받을 때마다 자동적으로 유사한 정서적 반응을 보이는 감정들이다.

도표를 보면 내가 느낀 '짜증' 아래에는 '광분(분노)'이 있다는 걸 알 수 있다. 표에 적힌 '광분'의 영어 표현은 '매드(mad)'이다. 단순히 '화가 난 수준(angry)'이 아니라 너무 화가 나서 분노만 남은 채로 이성이 다 마비되는 정도를 말한다.

내가 지금 느끼는 감정이 어떤 것인지 잘 알 수 없을 때 이런 도표를 참고하면 '내 감정이 이런 것이구나' 하는 것을 찾는 데 도움을 얻을 수 있을 것이다.

감정의 수레바퀴

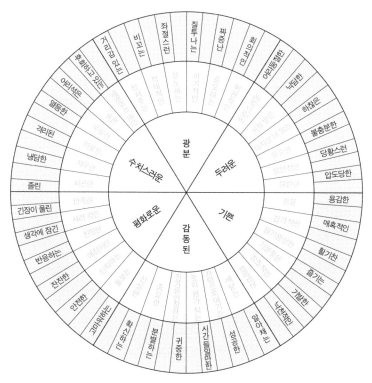

Dr. Gloria Wilcox 개발 및 보급

빛 가운데로
나아가자

이렇게 해서 문제의 뿌리들을 발견하게 되었을 때, 그 다음 무엇을 해야 할까? 수정을 해나가야 하는데, 나 혼자만의 힘으로는 어려운 경우가 많다. 만약 그게 가능할 것 같았으면, 지금까지 고통스러워하지도 않았을 거다. 하나님이 우리의 마음을 치유하고 회복하시려 할 때 문제의 근원이 되는 뿌리를 보지 못하도록 방해하는 요소들이 있다. 성경에서는 그것을 견고한 진, 돌 같은 마음이라고 표현한다.

상처가 많은 사람일수록 현재를 건강하게 살아가기가 어렵다. 자기의 상처를 보호하기 위해서 삶의 에너지를 다 사용하기 때문이다. 여전히 고통스러운 과거에 매여 산다. 고통과 마주하고 싶지 않은 내 의지가 상처를 보호하며 드러내지 않으려고 애를 쓰는 것이다. 그렇기 때문에 우리에게는 하나님의 도움이 필요하다. 하나님이 나를 살피셔서 내 속을 보여주실 때 진정한 치유가 가능하다.

> 또 새 영을 너희 속에 두고 새 마음을 너희에게 주되 너희 육신에서 굳은 마음을 제거하고 부드러운 마음을 줄 것이며 겔 36:26

아픔이나 고통은 시간이 지난다고 해결되지 않는다. 진정한 해결은 하나님의 빛 가운데서 가능하다. 하나님이 우리의 내면 깊은 곳에 있는 아픔들을 빛 가운데 드러내셔야만 치유와 회복이 오게 된다. 그래서 아무리 작은 것이라 할지라도 하나님 앞에 가지고 나아가야 한다.

거짓을 진리로

성경은 곳곳에서 하나님이 상한 마음을 치유하신다고 말한다. 주님은 우리를 치유의 길로 부르고 계신다. 값없이, 돈 없이 와서 포도주와 젖을 사라고 말씀하신다.

치유는 나로부터 오는 게 아니다. 우리가 할 수 있는 건 내 아픔과 고통을 정직하게 주님 앞에 드러내는 것까지임을 기억하자. 성경에서는 이것을 쓴 뿌리, 내가 믿는 거짓말, 육체의 생각 등으로 표현한다. 이 생각들이 제거되고 변화될 때, 거짓말이 하나님의 진리로 바뀔 때, 육체의 생각이 영의 생각으로 바뀔 때, 쓴 뿌리가 단 뿌리로 바뀔 때 궁극적인 치유가 일어난다.

신약성경은 우리 마음에 있는 육체의 생각, 즉 쓴 뿌리를 뽑아내라고 말하고, 구약에서는 쓴 열매를 맺는 뿌리가 있으면 안 된다고 말한다(신 29:18 참조).

집 주인의 종들이 와서 말하되 주여 밭에 좋은 씨를 뿌리지 아니하였나이까 그런데 가라지가 어디서 생겼나이까 주인이 이르되 원수가 이렇게 하였구나 마 13:27,28

이것은 농사나 식물에 관한 것이 아니라 우리 마음과 삶에 관한 말씀이다. 하늘 아버지가 심지 않으신 것이 우리의 삶 안에 있다고 말씀하시는 것이다. 사탄이 전략적으로 우리가 하나님을 따르는 삶, 하나님의 나라를 세우지 못하는 삶을 살아가게 하려고 우리의 경험에 가라지를 뿌려버렸다. 쓴 뿌리를 가진 육체의 나무가 자라길 원하는 것이다.

쓴 뿌리 생각 뽑아내기

그러면 어떻게 해야 하는가?

종들이 말하되 그러면 우리가 가서 이것을 뽑기를 원하시나이까 주인이 이르되 가만 두라 가라지를 뽑다가 곡식까지 뽑을까 염려하노라 둘 다 추수 때까지 함께 자라게 두라 추수 때에 내가 추수꾼들에게 말하기를 가라지는 먼저 거두어 불사르게 단으로 묶고 곡식은 모아 내 곳간에 넣으라 하리라

마 13:28-30

예수께서 대답하여 이르시되 심은 것마다 내 하늘 아버지께서 심으시지 않은 것은 뽑힐 것이니 마 15:13

주님은 가라지를 하나씩 드러내서 뽑아버리겠다고 말씀하신다. 그리고 그 안에 하나님의 생명을 심겠다고 말씀하신다. 이런 육체나무의 문제를 하나씩 찾아내서 주님이 치유하시게 되면 생명의 나무가 우리 안에 심겨지게 된다. 열매가 달라진다. 성령의 열매, 성숙의 열매, 빛의 열매가 나타나게 된다.

하나님이 주신 회복의 통로

치유가 되면 분노와 두려움과 수치심으로 살아가던 삶이 기쁨의 삶으로 변화된다. '기쁨'은 굉장히 중요하다. 성경이 끊임없이 반복하여 언급하는 건강한 상태 중 하나가 기쁨이 충만한 삶이다. 요한 1,2,3서는 기쁨을 충만하게 하기 위해 기록되었다고 말한다. 사도

행전에서도 성령을 충만하게 받은 사람에게 주어지는 표현이 있다. '기쁨과 성령이 충만했다'는 것이다. 성령이 충만하게 되면 기쁨이 충만한 삶을 살게 된다.

여호와로 인하여 기뻐하는 것이 너희의 힘이니라 느 8:10

예수님이 어떻게 십자가의 고난을 견딜 수 있으셨을까? 히브리서에 보면 "그 앞에 있는 기쁨을 위하여 십자가를 참으사"(히 12:2)라고 했다. 기쁨 때문에 고통을 견딜 수 있었다는 것이다.

인간에게 가장 건강한 상태는 기쁨이다. 아기가 태어나면 부모와 계속 기쁨의 관계를 만들어간다. 엄마가 아이를 안고 웃어주면 아기도 같이 웃는다. 이 사이클이 1초에 여섯 번 돌아간다고 한다. 첫 일 년의 아기들에게는 기쁨이 전부이다.

첫 일 년이 지나가면 분노와 두려움과 수치심을 느끼기 시작한다. 그래서 두 번째 일 년 동안은 고통을 느끼면 그 고통에서 다시 기쁨으로 돌아가는 훈련을 한다. 고통을 느꼈을 때 고통을 처리하는 방식을 배우는 것이다. 하나님이 이미 가르쳐놓으신 것이다.

이때에는 끊임없이 고통을 경험하고 끊임없이 회복을 경험한다. 그 과정을 거치며 뇌에서는 건강함의 회로를 만든다. 그 회로가 만들어지면 우리는 고통을 겪을 때마다 그 길을 따라 다시 기쁨으로 돌아갈 수 있게 된다.

그런데 상처가 많은 사람들, 고통이 많은 사람들은 기쁨으로 돌아가는 회로가 막혀 있다. 그렇게 되면 중독적인 삶을 살아가게 된다. 우울하고 좌절하고, 심한 경우는 거식과 폭식과 외상 후 스트레스 장애, 공황장애 등을 겪게 된다.

하나님은 사람을 창조하실 때 우리가 건강하게 살아갈 수 있도록 우리의 뇌를 최적화해 놓으셨다. 그런데 세상이 타락하면서 하나님의 의도가 어그러졌다. 하나님은 우리의 삶을 다시 회복하기 원하신다. 분노와 두려움과 수치가 아닌 기쁨의 삶을 살아가도록 우리를 최적화해주기 원하신다.

상처에 뿌리박고 터를 잡아 살아가던 우리가 그리스도의 사랑에 터를 잡고 뿌리를 박고 살아가게 되면(골 2:6,7 참조) 어그러졌던 뇌의 회로가 회복되고, 마음도 새롭게 될 것이다.

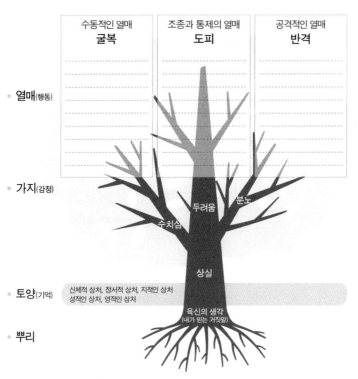

	수동적인 열매 **굴복**	조종과 통제의 열매 **도피**	공격적인 열매 **반격**
열매(행동)			
가지(감정)		수치심 두려움 분노	
토양(기억)	상실 신체적 상처, 정서적 상처, 지적인 상처 성적인 상처, 영적인 상처		
뿌리		육신의 생각 (내가 믿는 거짓말)	

생명나무치유사역 과정(TL)

1. 치유의 기반	회개 + 용서
2. 세대적인 영향력	끊어 냄
3. 마음의 묶임	풀어 냄
4. 내적 맹세	파기
5. 악한 영	축사
6. 육체의 생각들	영의 생각(진리)
7. 정서적 상처	하나님 아버지의 사랑

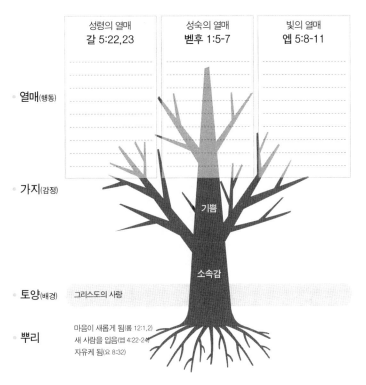

성령의 열매 갈 5:22,23	성숙의 열매 벧후 1:5-7	빛의 열매 엡 5:8-11

● 열매(행동)

● 가지(감정)

기쁨

소속감

● 토양(배경)   그리스도의 사랑

● 뿌리   마음이 새롭게 됨(롬 12:1,2)
새 사람을 입음(엡 4:22-24)
자유케 됨(요 8:32)

믿음으로 말미암아 그리스도를 여러분의 마음속에 머물러 계시게 하여 주시기를 빕니다.
여러분이 사랑 속에 뿌리를 박고 터를 잡아서… (엡 3:17, 새번역)

치유의 결과

1. 예수의 마음	빌 2:5
2. 믿음, 소망, 사랑의 마음	고전 13
3. 진리로 자유케 됨	요 8:32
4. 그리스도에게까지 자라남	엡 4:15
5. 하나님의 씨가 사람 속에 있음	요일 3:9, 벧전 1:23

변화의
길로
나아가라

PART 3

내 인생의 지도 수정

치유, 회복, 변화. 이에 대한 사람들의 이해는 무척이나 다양하다. 그중에서 내가 생각하는 치유는 '그동안 믿어왔던 거짓말에 대한 하나님의 치유의 음성을 듣는 것', '육체의 생각에 대한 하나님의 치유의 음성을 듣는 것'이다. 다르게 말하면 '쓴 뿌리에 대한 하나님의 음성을 듣는 것'이다.

하나님은 말씀으로 세상을 창조하셨다. 그리고 말씀으로 세상을 유지하신다. 히브리서에 보면 하나님이 말씀으로 세상을 붙들고 계신다고 되어 있다(히 1:3 참조).

하나님이 세상을 창조하신 것, 세상을 유지하시는 것, 세상을 붙드시는 것이 말씀을 통해서라면 하나님이 세상을 치유하시는 방법도 말씀일 것이다. 우리의 몸과 마음의 문제, 상처, 고통, 질병을 치유하는 데 가장 효과적인 방법은 하나님의 말씀이다.

우리가 하나님의 음성을 들으면 하나님 아버지의 사랑을 경험하게 된다. 많은 사람들이 하나님이 사랑이시라는 걸 너무 잘 안다. 그런데 경험해본 적은 별로 없다. 머리로는 들어봤지만 마음에서부터 그 사랑 가운데 젖어 살아가지는 못한다. 그래서 인생의 문제가 생기면 '혹시 내가 뭘 잘못해서 하나님이 벌을 주시는 건가', '혹시 하나님이 나를 혼내시는 거 아닌가'라고 생각한다. 하나님을 머리로는 배웠는데 마음으로 경험하지 못했기에 하나님을 이런 식으로밖에 이해하지 못한다.

내 계획과 다른 인도하심

나도 이십여 년 전에 한 가지 경험을 하기 전에는 이런 치유가 있는지 알지도 못했다. 1995년에 호주로 유학을 가기 전까지 나는 주로 성령사역, 은사사역, 능력사역을 했다. 성령을 경험하고 병을 고치며 예언하고 방언하는 사역을 한 것이다. 호주에 유학을 간 것도 어떻게 하면 더 효과적으로 병을 치유하며 은사와 능력 사역을 할 수 있는지 배우고 싶어서였다. 그런데 하나님은 내 삶을 다른 방식으로 인도하셨다. 그곳에서 공부하고 사역하는 동안 내 내면을 만지신 것이다.

나는 고등학교 때부터 사람들 앞에만 서면 떨었다. 목소리가 떨렸고, 식은땀을 흘렸다. 그런데 왜 그런지 알 수가 없었다. 또 화장실 가는 부분에 문제가 있었다. 나는 화장실을 몰래 다녔다. 심지어 내가 화장실 가는 걸 아무도 모르게 하기 위해서 먼 길을 돌아 가기도 했다. 어려서부터 있던 일이었다. 불편했지만 그렇게 살아왔다.

그러다가 호주에서 한 집회에 참석해 뒤쪽 의자에 앉아 있는 내 마음을 하나님이 건드리셨다. 갑자기 수치심이 느껴진 것이다. 나는 하나님께 기도했다.

'하나님, 제 마음 안에 있는 이 수치심이 도대체 어디에서 오는 걸까요?'

왜 그전까지는 이런 기도를 해보지 않았는지 모르겠다. 그때 하나님이 내 삶 안에 있던 한 가지 상처를 기억나게 해주셨다.

내가 일곱 살 때 동네에서 성적인 학대를 당한 적이 있다. 그 일이 공중화장실에서 있었던 것이다. 지금이야 웃으면서 말할 수 있지만, 그때까지만 해도 이 일은 내 인생의 큰 비밀이었다. 의식적으로, 무의식적으로 이 일을 인식하지 않으려 했다. 그런데 하나님 앞에 기도하는 동안 이 사건이 생각난 것이다.

'맞아, 그런 일이 있었지.'

나는 왜 나에게 계속해서 화장실이 문제였는지 몰랐는데, 내가 공중화장실에서 어떤 일을 겪었는지 떠올리게 되면서 이해가 되기 시작했다. 화장실은 나에게 무의식적으로 고통의 장소, 아픔의 장소, 사람들에게 알리고 싶지 않은 장소였던 것이다.

그런데 하나님은 여기서 그치지 않고, 내 내면의 더 깊은 것을 보여주셨다. 그것은 '내 잘못이다, 나도 즐겼다'라는 생각으로, 내 마음 가운데 깊이 뿌리 박혀 있었다. 이런 생각이 수치심의 문제를 일으키고 있었던 것이다.

상처란 내면 안에 있는 거짓말을 만든 삶의 모든 경험, 쓴 뿌리가 나게 하는 경험, 육체의 생각이 심겨지게 하는 경험을 말한다. 단순히 몇 살 때 무슨 일을 겪었는지에 대한 것이 아니라 그 일을 통해서 내면 안에 심겨진 사탄의 거짓말이다.

그동안 "하나님, 저를 치유해주세요"라고 아무리 기도해도 치유가 일어나지 않았던 것은 그 뿌리가 내면 깊숙이 남겨져 있었기 때문이다. 이걸 찾은 나는 이 부분을 놓고 기도하기 시작했다.

"하나님, 저의 이 부분을 치유해주세요. 그리고 하나님의 말씀으로 저를 자유롭게 해주세요."

그러자 마음 가운데 주님의 음성을 들려왔다.

"종현아, 너의 잘못이 아니다."

그 음성을 듣자 내가 가지고 있던 생각이 사라졌다. 수치심이 사라져버렸다. 다른 사람의 눈을 마주치지 못하고, 발표할 때 불안하고, 화장실이 가고 싶을 때마다 느꼈던 수치심이 사라졌다.

이 일을 경험하며 너무 충격을 받았다. 나는 거듭나면서 성령을 체험했다. 그러면서 소리를 지르며 기도하고, 산기도를 가는 것만이 신앙인 줄 알았다. 그런데 하나님이 내 내면을 치유하실 때는 그런 것이 하나도 없었다. 매우 조용했고, 그저 내 마음 가운데 들려주신 성령의 음성이 있었을 뿐이다. 그런데 삶의 많은 부분에서 변화가 일어났다. 이런 일을 경험하고 나자 고민이 생겼다.

'혹시 이거 나만 경험한 거 아니야?'

우리도 신앙생활을 하면서 다른 사람에게 말하기는 어렵지만 나만 경험했던 일이 있지 않은가? 나도 그 경험을 일반화하기는 어려운 것이 아닐까 생각했다. 그래서 주변에 있는 사람들을 붙들고 이런 제안을 했다.

"혹시 상처 있어요? 우리 같이 기도할까요?"

"혹시 마음 안에 하나님이 치유하기 원하시는 부분이 있어요? 같이 기도합시다."

그런데 사람들이 치유되기 시작했다. 그 모습들을 보면서 내 경험을 일반화할 수 있다는 것을 깨닫게 되었다. 그래서 그 일들을 매뉴얼로 만들고 집회를 하기 시작했다.

한국으로 돌아와 이런 이야기를 나누자 사람들은 치유란 특별한 은사가 있는 사람들, 하나님의 기름 부음이 있는 사람들이 하는 거라고 말했다.

하지만 나의 경우를 봤을 때 이런 말들이 맞지 않는다고 생각했다. 나는 그런 은사가 있는 사람이 아니었기 때문이다. 단지 나는 하나님의 치유를 경험한 사람일 뿐이었다. 그리고 그 경험을 통해 하나님이 누구나 치유해주실 수 있다는 것을 깨달았을 뿐이다.

이 경험은 내 인생의 터닝 포인트가 되었다. 그 후로 내 삶의 많은 부분이 바뀌는 것을 보았고, 나라와 문화에 상관없이, 다른 사람들에게도 그렇게 하실 수 있음을 보게 되었다. 나는 지금까지 이 믿음으로 사역해오고 있다. 방법은 다를 수 있겠지만, 하나님은 누구에게나 그렇게 하실 수 있다.

치유하시는
음성

우리 아버지는 집에 가끔 오셨다. 그렇게 오서서는 주로 하시는 일이 밥을 먹으며 내 성적이나 아버지가 안 계신 동안 잘못한 일들에 대해 꾸중하고 지적하는 것이었다. 그래서 나는 아버지와 밥을 먹는 내내 불안에 떨었다. 그리고 그 불안의 끝에서 아버지는 대개 밥상을 엎으시곤 했고, 나는 혼나거나 두들겨 맞았다. 그러니 아버지와 밥 먹는 시간이 즐거울 리 없었다.

이런 경험을 한 아이는 어떤 감정들을 느끼게 될까?

- 두려움
- 분노

- 짜증

- 공포

- 부끄러움(수치심)

또 어떤 생각을 하게 될까?

- 집을 나가고 싶다

- 부당하다

- 아버지가 집에 안 왔으면 좋겠다

- 나는 절대로 아버지를 용서하지 않겠다

- 남자는 위협적인 존재다

- 내가 뭔가 잘못했을지 모른다
  (그렇지 않다면 아버지가 나한테 이렇게 하지 않을지도 모른다)

아이의 몸은 어떤 반응을 보일까?

- 당황한다

- 방어적이 된다

- 긴장한다

- 위축된다

이 아이의 감정과 생각과 몸의 반응은 고스란히 몸 안에 기록된다. 그리고 시간이 지나고 나면 그 사람의 삶과 관계에 영향을 미친다. 나는 성인이 된 뒤에도 함께 밥을 먹자고 하는 사람들에게 "괜찮아요. 저 밥 먹었어요"라면서 피해 다녔다.

하나님이 말씀하시는 치유

상처라는 건 바꿀 수 없다. 십 년 전에 경험했건, 이십 년 전에 경험했건, 상처는 거기에 있다. 하지만 그 상처의 영향력은 없어질 수 있다. 상처가 원래 없었던 것처럼 사라진다든지, 때리던 아버지가 갑자기 돌변하여 다정해진다든지 하는 일이 일어나기는 어렵지만, 상처를 통해 심겨진 거짓말은 하나님의 진리로 변할 수 있다.

그렇다면 앞에서 말했던 상처 받은 아이에게는 무엇이 필요할까? 우리가 이 아이를 위해 해줄 수 있는 일은 무엇일까? 주님은 이 아이를 치유하실 때 어떻게 하실까? 주님이 이 아이에게 치유의 임재를 가져오시는 걸 어떻게 알 수 있을까?

가장 좋은 방법은 아이가 하나님의 임재 안에서 하나님의 음성을 듣는 것이다. 나에게 치유는 그렇게 일어났다. 하나님이 우리 삶 가운데 있는 상처와 고통들을 하나하나 드러내시고, 그 위에 진리의 음성을 들려주실 때 자유하게 되는 것이다.

주님은 우리에게 어떻게 말씀하실까? 첫째, 하나님의 말씀으로 들려주신다. 성경 말씀을 생각나게 하실 수도 있고, 개인적인 음성으로 필요한 말씀을 들려주실 수도 있다.

둘째, 기도하는 중에 어떤 이미지를 보여주실 때가 있다. 이에 대해 환상이라는 표현을 쓰기도 한다.

셋째, 내적인 평안을 주실 때가 있다. 이는 가장 일반적인 현상으로, 하나님이 우리를 샬롬의 상태로 만드시는 것을 말한다. 대부분의 사람들은 보는 것이나 듣는 것을 잘 못한다. 그렇기 때문에 하나님이 우리를 다루시고 변화시키고 치유하실 때는 내적인 평안과 긍정적인 감정과 사랑의 관계를 갖게 하신다.

넷째, 치유의 임재를 경험하게 된다. 사람이 사람을 안고 위로해 줄 때 얻는 느낌이 있다. 그런 것처럼 하나님이 우리를 치유하실 때 치유의 임재를 느낄 수 있게 하신다.

다섯째, 내적인 감각의 변화가 생긴다. 여기서 감각이란 '오감'을 말한다. 주님이 우리를 치유하실 때는 상처에 대한 우리의 인식과 감각의 변화까지도 가져온다. 실제로 하나님이 우리를 치유하신다고 말할 때 뇌에서는 호르몬의 변화가 일어난다. 그래야 치유가 되는 것이다. 그냥 기도 한 번 하고 "나은 줄로 믿습니다" 하는 것이 아니다. 치유가 되었다는 것은 실제로 세포의 변화, 호르몬의 변화가 일어나서 뇌 사진을 찍으면 안정적인 상태가 되어 있는 것을 말한다.

하나님은 우리를 치유하실 때 이런 방법들을 사용하시지만, 이것 자체가 하나님의 치유는 아닐 수도 있다. 치유하시는 분은 오직 하나님이시며, 이 모든 것은 하나님의 치유를 전달하는 도구일 뿐이다. 하나님은 우리가 원하는 방식은 아닐 수 있지만, 우리에게 가장 맞는 방식으로 치유하신다.

> 오호라 너희 모든 목마른 자들아 물로 나아오라 돈 없는 자도 오라 너희는 와서 사 먹되 돈 없이, 값없이 와서 포도주와 젖을 사라 너희가 어찌하여 양식이 아닌 것을 위하여 은을 달아 주며 배부르게 하지 못할 것을 위하여 수고하느냐 내게 듣고 들을지어다 그리하면 너희가 좋은 것을 먹을 것이며 너희 자신들이 기름진 것으로 즐거움을 얻으리라 너희는 귀를 기울이고 내게로 나아와 들으라 그리하면 너희의 영혼이 살리라 사 55:1-3

주님의 음성을 들으면 좋은 것을 먹을 것이며, 기름진 것으로 즐거움을 얻을 것이고, 그 영혼이 살 것이라고 말씀하신다.

삼손의 이야기를 기억하는가? 삼손은 당나귀 턱뼈로 천 명의 블레셋 사람을 죽인 후에 완전히 지쳐버린 몸과 마음으로 말했다.

"하나님, 이러고 있다가는 제가 죽겠습니다. 저를 좀 살려주십시오."

그랬더니 우묵한 곳, 엔학고레의 샘물이 터졌다. 그리고 그 물을 마셨더니 삼손의 정신이 회복되었다. 그 물은 단순한 물이 아니었다. 그저 몸의 갈증을 해갈해주는 물이 아니라 영혼을 회복시켜주는 하나님의 성령의 기름 부으심이었다.

마찬가지로, 하나님의 음성은 우리의 영혼을 살리고, 몸을 살리고, 필요한 모든 것을 채워주신다. 그래서 우리는 상처를 드러내고 주님의 음성을 들을 때 치유가 일어난다는 것을 믿어야 한다. 그리고 그 하나님의 치유 가운데 날마다 들어가야 한다.

주님의 음성을 들을 때 상처 받은 사람이 치유된다. 주님의 음성을 들을 때 상처준 사람이 용서받는다. 육체의 생각이 영의 생각으로 바뀐다. 감정이 새로워지고, 하나님과 사람과 친밀한 관계를 형성하게 된다. 하나님의 음성은 만병통치약이다. 우리와 우리의 과거와 현재와 미래를 치유하시는 음성이다.

하나님의 치유를 경험하기 위해 반드시 필요한 과정들이 있다. 그중 하나가 죄에 대한 회개이다. 상처를 다루는 상담을 하다 보면, 그렇지 않아도 아프고 힘든데 죄에 대한 이야기까지 하면 너무 무겁지 않느냐는 이야기를 듣는다. 하지만 우리가 하나님의 진리 안에 설 때 진정한 치유가 있는 것을 안다면 무겁다고 피해갈 수는 없다.

생명의 공급을 차단하는 죄

사람을 만드실 때 하나님이 의도하셨던 것은 우리가 하나님이 주신 생명으로 살아가고, 생각하고, 느끼고, 행동하고, 관계하는 것이었다. 생명은 관계를 통해서 주어지는 것이기에 우리가 하나님과 바른 관계를 맺지 못하면 생명을 공급 받을 수가 없다. 하나님이 의도하셨던 생명을 갖지 못하면 그분이 의도하신 삶을 살아갈 수가 없게 되는 것이다.

'죄'라는 단어가 성경에 제일 처음 언급된 곳은 가인에게 향한 말씀이다. 가인과 아벨이 하나님께 제물을 드렸는데, 하나님은 아벨의 제사만 받으셨다. 그리고 하나님은 가인에게 "죄가 문에 엎드려 있느니라 죄가 너를 원하나 너는 죄를 다스릴지니라"(창 4:7)라고 말씀하셨다. 여기에 나온 '죄'는 명사적으로 사용되었고, 의인화되어 있음을 보게 된다.

즉 죄는 단순히 행위를 말하는 것이 아니다. 우리는 '죄를 짓는다'라는 표현을 사용하면서 은연중에 죄가 '잘못된 행동을 하는 것' 정도로만 생각하기 쉽다. 그러나 성경에는 죄가 인격적이고 관계적이라고 설명되어 있다. 그래서 더 죄에 취약한 것인지도 모른다.

그럼에도 우리는 잘못한 행위만을 죄로 이해하고 그에 대해서만 회개한다. 이는 우리가 죄를 반복해서 짓게 되는 결과를 가져온다. 뿌리로서의 죄를 간과하기 때문이다.

우리가 생각하는 죄는 결과에 가깝다. 하지만 성경은 죄가 성장하는 것이며 그것이 낳는 결과가 따로 있다고 말한다.

오직 각 사람이 시험을 받는 것은 자기 욕심에 끌려 미혹됨이니 욕심이 잉태한즉 죄를 낳고 죄가 장성한즉 사망을 낳느니라 약 1:14,15

일반적으로 '죄를 짓는다'라는 것은 "죄를 낳고"의 상태이다. 이 시기 전에도 여러 과정을 거친다는 말이다. 제일 처음에 자기 욕심에 끌려 미혹된다고 했다. 이것이 욕심을 잉태하는 것인데, 이것은 죄가 우리 마음 안에 심겨진다는 말이다. 이렇게 심겨진 죄는 날이 갈수록 자란다.

아담과 하와를 보자. 그들은 선악과를 먹었다. 이것은 결과다. 그 이전까지 어떤 과정이 있었다. 원래 아담과 하와는 에덴동산을 돌아다니면서 즐겁고 행복해했다. 아마 선악과 주변도 많이 다녔을 것이다. 그래도 따 먹을 생각은 하지 않았다. 그런데 어느 날, 뱀이 하와에게 말했다.

"정말 하나님이 선악을 알게 하는 나무의 실과를 먹지 말라고 하셨니?"

이후로 전개된 뱀의 유혹은 사실 논리적으로도 말이 잘 안 되는 이야기들이다. 하지만 뱀의 이야기를 듣고 보니 갑자기 선악과가 보암직도 하고 먹음직도 하고 지혜롭게 할 만큼 탐스럽게 보이기 시작했다. 사탄의 미혹이 마음의 욕구를 건드리자 마음에 거짓이 심겨져 자라게 되었다. 생각의 변화가 일어난 것이다.

옛날에는 낚시를 할 때 지렁이나 새우처럼 살아 있는 미끼를 달았다. 요즘은 실리콘이나 고무 같은 걸로 만든 가짜 미끼를 달아 던지는 루어낚시가 인기라고 한다. 가짜 미끼들은 살아 있는 미끼보다 더 보암직도 하고 먹음직도 하고 지혜롭게 할 만하게 생겼다. 낚시줄을 던지면 미끼를 본 물고기들이 주변을 빙글빙글 돌기 시작한다. 그러다 어느 순간 미끼를 덥석 문다. 그럼 낚시 바늘에 걸리는 거다. '미혹'은 바로 낚시 바늘에 걸렸다는 뜻이다.

낚시 바늘에 걸린 물고기는 사실 미끼 주변을 돌 때부터 이미 죽어가고 있는 것이다. 처음에는 주변을 빙글빙글 돌지만 곧 미끼를 물게 되고 낚시에 걸려 물 밖으로 나오고 죽는 과정을 거칠 뿐이다. 우리가 죄를 짓는 것도 바로 이런 과정을 거친다. 이 과정은 중독의 과정과도 동일하다.

사람이 어떤 행동을 한다는 것은 마음 안에서 많은 과정을 거쳐 나오는 결과일 뿐이다. 먼저 내 욕심에 속고, 그 다음에 거짓말이 마음에 심겨지고, 그것이 자라서 죄라는 열매를 맺는 것이다. 육으로부터 시작해 거기서 육체의 생각이 나오고, 그 생각이 감정을 일으켜 행동으로 나오는 것이기에, 이 과정이 끊어져야만 죄로부터 승리할 수 있다.

헬라어로 '메타노이아'라고 하는 '회개'는 '생각을 바꾼다', '마음을 바꾼다'는 의미를 가지고 있다. 즉 죄가 결국 생각으로부터 시작된다는 말이다. 그러므로 생각을 바꾸는 작업이 일어나야 온전한 회개가 일어날 수 있다. 죄를 짓고 싶은 마음부터 회개할 때 온전한 변화가 일어날 수 있게 된다.

언제 회개하게 되는가

우리에게 회개가 일어나는 시기는 하나님이 회개를 선물로 주실 때이다.

> 거역하는 자를 온유함으로 훈계할지니 혹 하나님이 그들에게 회개함을 주사 진리를 알게 하실까 하며 그들로 깨어 마귀의 올무에서 벗어나 하나님께 사로잡힌 바 되어 그 뜻을 따르게 하실까 함이라 딤후 2:25,26

마귀의 올무가 무엇인가? 사탄의 대표적인 이름은 '거짓의 아비'이다. 거짓의 아비는 거짓의 올무를 놓는다. 우리가 평생 그 거짓말에 속으면서 살기를 원하는 것이다.

그런데 하나님이 우리의 생각을 바꿔주시면 하나님의 진리를 알게 될 뿐만 아니라 마귀의 올무에서도 벗어나게 된다.

이런 기도를 드려본 적이 있는가?

"하나님, 제게 회개의 영을 주세요."

꼭 맞는 말은 아닐 수 있다. 하지만 회개라는 것이 우리의 힘과 능력으로 되는 것만은 아니기에 하나님의 도움을 구하는 것이다.

또한 하나님의 사랑이 우리를 인도할 때 회개하게 된다. 우리는 대부분 죄책감을 가질 때 회개한다고 생각한다. 죄를 지은 것이 불편할 때, 하나님이 더 이상 나를 두고 보지 않으실 것 같은 위기감이 들 때 돌이킬 생각을 한다고 여긴다. 그러나 우리의 마음에 진정한 변화를 일으키는 것은 하나님의 영원하시고 오래 참으시는 그 사랑이다.

> 혹 네가 하나님의 인자하심이 너를 인도하여 회개하게 하심을 알지 못하여 그의 인자하심과 용납하심과 길이 참으심이 풍성함을 멸시하느냐 롬 2:4

우리가 일반적으로 말하는 '죄책감'은 내가 나를 바라보는 방식이다. 그런데 하나님이 우리에게 주시는 것은 '죄를 깨닫게 하시는 것'이다. 하나님은 우리가 잘못할 때 고통을 주시려고 번개를 날리시는 것이 아니라 우리가 깨닫고 돌이키기를 오랫동안 기다리신다 (벧후 3:9 참조).

그래서 우리가 진정으로 회개하려면 하나님의 사랑을 경험해야 한다. 하나님의 은혜가 우리 가운데 있을 때 회개가 가능하게 되는 것이다.

마지막으로, 회개는 고통에 정직할 때 일어난다.

> 내가 지금 기뻐함은 너희로 근심하게 한 까닭이 아니요 도리어 너희가 근심
> 함으로 회개함에 이른 까닭이라 너희가 하나님의 뜻대로 근심하게 된 것은
> 우리에게서 아무 해도 받지 않게 하려 함이라 고후 7:9

성경은 하나님의 뜻대로 하는 근심은 회개함에 이르게 한다고 말한다. 즉 정직해질 때 회개가 일어난다는 것이다. 사실 변화는 밑바닥에 떨어져야 시작된다. 내가 할 수 있다고 여기면 회개가 일어나지 않는다. 할 수 있는 모든 것을 다 잃어버렸을 때, 손을 내밀 힘조차 없어졌을 때, 그때가 바로 회개할 수 있는 기회이다.

탕자의 비유에 나오는 둘째 아들도 결국 자기가 가진 걸 다 잃어버렸을 때에야 아버지에게 돌아갈 생각을 했다. 생각이 변화되자 집으로 돌아가는 행동이 나왔다. 우리가 내면 안에 있는 죄와 고통과 상처에 대해 하나님 앞에서 정직하게 반응하기 시작할 때 회개가 가능하게 되는 것이다.

나의 변화를 가져오는
용서

십오 년 전쯤 상담을 하러 온 분이 있었다. 기골이 장대하고 외모
가 멋진 분이었다. 이분은 사업체를 운영하다가 전문 경영인에게 회
사를 맡기셨는데, 그 사람이 경영을 잘못해 부도를 냈다고 한다.

살아오면서 누구를 미워해본 적도 없고 어려움을 겪어본 적도 없
는 이분은 그 사람만 생각하면 아침까지 잠을 이루지 못해 상담을
하러 오신 것이다. 그런데 이야기를 들은 내가 용서가 필요한 일 같
다고 말씀을 드렸더니 절대 못하겠다면서 그냥 나가버리셨다.

관계의 어려움을 피하지 말라

중국에는 '용서하지 않는 것은 두 개의 무덤을 만드는 것'이라는

속담이 있다. 용서하지 않는 마음은 상대가 죽기를 바라면서 내가 그 독을 마시는 것과 같다. 결국 나와 상대방, 두 사람을 모두 죽이고 만다. 어떤 경우는 상대방은 죽지 않고 나만 죽기도 한다.

우리는 모두 누군가로부터 상처를 받을 수 있다. 그것은 내 잘못이 아니다. 그런데 그 상처를 품고서 오랜 시간 상대방을 원망하고 미워하고 판단하고 정죄하며 살아간다면 그건 내 잘못이 된다.

그렇게 용서하지 않는 마음은 상대방을 피하고 싶게 만든다. 그 사람을 생각하면 즐겁지 않고 피하고만 싶다면 뭔가 해결되지 않은 문제가 있다고 보면 된다. 억울하거나 분노를 쏟아내고 싶은 마음이 든다면 그 사람과의 관계에 문제가 있다는 것이다.

어떤 때는 용서할 대상은 잘 모르겠는데 정서적 힘이나 외적인 힘이 떨어질 때가 있다. 하나님의 임재가 떠난 것 같고, 기도해도 응답이 없기도 하고, 혹은 이유 없이 몸이 아프기도 하다. 이런 상황 가운데 있다면 용서에 대해 점검해야 할 부분은 없는지 하나님 앞에 나아가 자신을 돌아볼 필요가 있다.

정직이 첫걸음이다

용서는 한 마디로 빚진 사람의 빚을 탕감해주는 것이다. 여기서 중요한 것은 빚진 사람이 아니라 빚 자체에 초점을 두어야 한다는 점이다. 이 부분에서 오해하는 경우가 많은 것 같다. 누군가 나에게 상처를 주었다면 그 사람이 아니라 그 사람이 나에게 한 행동에 초점을 두어야 한다는 말이다. 행동과 존재는 구분해야 한다.

그런데 치유사역을 하다 보면 의외로 다른 사람들을 용서하는 것보다 자기 자신을 용서하는 일이 어려운 경우를 많이 만난다. 그만큼 우리의 상처가 정체성에 상처를 입힌다는 말이다. 상처를 통해 마음 가운데 거짓말이 심겨지면 자신을 하나님이 보시는 눈으로 바라볼 수 없게 되고, 그러면 용서가 어려워진다.

더 어려운 것은 하나님에 관한 부분이다. 사실 하나님은 잘못하는 게 없는 분이시다. 그런데 우리는 가끔 하나님을 용서해야 한다는 이야기를 듣는다. 이 말은 정서적으로 하나님에 대해 오해하는 부분들, 하나님이 나에게 상처를 주신다고 생각하거나 나를 돌보시지 않는다고 생각하는 사람들이 하나님과 화해함으로 관계를 새롭게 해야 한다는 의미이다. 그래서 나는 '하나님을 용서하라'는 표현보다 '하나님 앞에 정직하라'는 표현을 사용하고 싶다.

사실 하나님은 어떠한 상한 마음일지라도 받아줄 준비가 되어 있으시다. 우리가 하나님 앞에 정직하게 나갈 때, 하나님은 우리의 어떤 쓴 뿌리나 상처들이라도 두려워하지 않으신다.

신뢰는 우리를 정직하게 한다

성경의 인물들 중에서 하나님 앞에 정직했던 사람을 꼽으라면 다

윗을 들고 싶다. 시편을 읽어보면 다윗이 얼마나 하나님 앞에 정직하게 반응했는지 볼 수 있다(시 3편 참조).

"하나님, 저는 굴 속에 틀어박혀 살거나 다른 나라 왕 앞에서 침을 흘리며 미친 척하고 살아가는데 원수는 저렇게 잘 먹고 잘 삽니다. 어떻게 이러실 수가 있습니까? 하나님이 살아 계시면 원수의 이를 꺾어주셔야지요."

만일 다윗이 하나님을 두렵고 무서운 분으로만 여겼다면 이런 식으로 말할 수 없었을 것이다. 다윗은 하나님이 어떤 분이신지 알고 있었다. 위로하시고 격려하시고 함께해주시며 치유해주시는 분인 것을 알고 있었다. 그랬기에 자기 마음속의 깊은 고통과 아픔을 그분 앞에 다 쏟아냈다.

때로 우리는 하나님이 왜 이런 상황을 허락하셨는지 다 알 수 없을 때가 있다. 그럴 때 마음에 원망과 미움을 가지기보다는 도리어 정직하게 하나님 앞에 아픔을 쏟아놓는다면, 하나님은 우리의 마음을 치유하시고 회복해주실 것이다. 왜? 하나님은 우리를 너무 잘 아시고, 단 한 순간도 우리를 떠나신 적이 없기 때문이다. 그분은 우리에게 집중하고 계신다.

용서의 원칙 이해하기

예수님이 말씀하실 때 베드로가 손을 들고 질문을 했다.

"예수님, 누가 나에게 잘못을 범하면 몇 번이나 용서를 해주어야 하나요? 일곱 번 하면 될까요?"

그러자 예수님은 "일흔 번씩 일곱 번이라도 용서하라"라고 말씀하시며 일만 달란트 빚진 사람의 비유를 드신다(마 18:21-35).

상처를 직시하라

이 비유에서 왕은 종들과 결산하려 한다. 결산하려면 회계 장부가 필요하다. 회계 장부에는 누가 나에게 언제, 얼마만큼의 돈을 빌려갔는지, 얼마나 갚았는지가 기록되어 있다. 용서도 마찬가지다. 우리가 누군가를 용서하려면 그 상처에 대해 누가, 언제, 어디서, 무엇을, 어떻게 했는가에 대한 내용을 기억해야 한다. 용서는 사람에 대한 것이 아니라 사건에 대한 것이라고 했다. 그렇기에 어디에서 상처가 비롯되었는지를 알 때 용서할 수 있게 된다.

또 예수님은 빚진 사람이 빌려간 돈이 일만 달란트라고 하셨다. 일 달란트가 육천 데나리온인데, 당시 노동자의 하루 품삯이 한 데나리온이었다고 하니 대체 얼마나 많은 날들을 일해야 일만 달란트를 모을 수 있겠는가? 평생을 갚아도 갚을 수가 없는 돈이다. 빚진 사람은 결코 그 빚을 갚을 수가 없다. 누가 나에게 상처를 줬다면 그걸 원형 그대로 돌려받기란 불가능하다. 상처가 아예 없었던 일처럼 되지는 않는다는 것을 알아야 한다.

분노를 처리하라

일만 달란트를 빌려간 사람이 못 갚는다고 하자 주인은 "가진 것을 다 팔아 갚으라"고 했다. 누군가 내 발을 밟으면 아프다. 누군가가 나에게 상처를 주면 아픈 법이다. 그로 인해 분노할 수 있다. 이건 정상적인 반응이다. 용서를 하려면 먼저 그 분노를 쏟아내야 한다. 압력 밥솥에 압력이 꽉 차 있다고 하자. 그러면 거기에 아무리 용서를 밀어 넣으려고 해도 들어가질 않는다. 먼저 분노라는 수증기가 빠져나와야 용서가 들어갈 수 있다. 먼저 우리 내면 안의 고통과 억울함이 쏟아져 나와야 한다. 그래야 용서가 가능해진다.

처음에 다 갚으라고 했던 주인도 빚진 자의 애원을 듣고는 불쌍히 여기는 마음으로 놓아 보냈다.

용서는 내가 변하는 것이다

우리는 용서하면 상대방이 변할 거라고 생각한다. 하지만 용서는 상대방과는 전혀 관계가 없다.

예전에 〈밀양〉이라는 영화가 있었다. 크리스천인 주인공의 아이가 납치를 당해서 죽임을 당한다. 범인이 붙잡혀 감옥에 갔는데, 주인공은 괴롭고 힘들지만 아이를 죽인 범인을 용서하기로 하고 감옥으로 찾아간다. 그런데 범인은 자신은 하나님께 용서받았으니 주인공이 용서를 하든 말든 관계없다고 말한다. 범인의 말을 들은 주인공은 분노를 삭이지 못하고 그날로 신앙을 버린다.

이 사람이 오해했던 부분이 바로 내가 용서하면 상대가 변해야 된다는 생각이다. 내가 용서한다고 하면 상대방도 잘못했다고 해야 한다는 것이다. 그러나 우리가 일흔 번씩 일곱 번을 용서해도 상대방은 반응하지 않을 수 있다. 이걸 알아야 용서가 가능해진다.

용서는 의지의 선택만이 아니다

상처는 마음에 심겨진다. 그래서 용서하는 것은 의지의 힘만으로 되지 않는다. 예수님은 마음의 중심으로 용서해야 한다고 하셨다. 생각과 의지와 감정이 통합적으로 일어나야 한다는 것이다. 때로는 의지적으로 용서해야 할 때도 있다. 그러나 정서적으로, 지적으로 용서되지 않으면, 시간이 지난 후 미움의 감정이 또 올라오고 다시 결정과 결단의 의지로 용서하려고 한다. 그래서 반복적으로 용서하지만 용서가 잘 되지 않는다. 용서도 머리가 아닌 마음으로 해야 하는 것이다. 진정한 용서가 일어날 때 나에게 상처를 준 사람을 하나님의 마음으로 대할 수 있다.

용서는 손해가 아니라 유익이다

용서를 하고 나면 그로 인한 유익은 용서 받는 사람보다 용서를 한 사람이 더 많이 받는다.

주인이 일만 달란트 빚진 사람의 빚을 탕감해주었다. 그런데 이 사람이 집으로 돌아가서는 자기에게 백 데나리온을 빚진 사람에게 돈을 갚으라고 했다. 그러고는 애원하는 그 사람을 옥에 가두어버렸다. 자신은 불쌍히 여김을 받아 빚을 탕감 받았음에도 말이다. 이 소식을 들은 주인은 그 사람을 다시 불러와 옥에 가두어버렸다.

자신에게 백 데나리온 빚진 사람을 옥에 가둔 그 사람도 동일하게 옥에 갇히는 신세가 되었다. 여기서 자유한 사람은 일만 달란트를 탕감해준 주인뿐이다. 우리가 용서하면 상대방은 어떨지 모르겠지만, 용서한 우리가 자유케 된다.

용서는 화해와 다르다

용서는 상대방과 상관없이 내가 하는 것이라고 했다. 하지만 화해는 두 사람이 같이 하는 것이다. 즉 상대방이 원하지 않으면 화해가 되지 않는다.

어떤 분이 결혼한 지 11년 만에 이혼을 당했다. 술을 잔뜩 마신 남편이 갑작스레 "나를 택할 거냐, 예수를 택할 거냐? 둘 중 하나만 해라"라고 선포를 하더란다. 예수님을 포기할 수 없었던 이분은 이혼을 택했다.

주변 사람들은 기도하고 있으니 하나님이 틀림없이 남편을 돌려주실 거라고 얘기했다. 그런 격려에 힘입어 9년 동안 열심히 기도했다. 그런데 전 남편이 재혼했다는 소식을 접하고는 깊은 좌절과 우울 가운데 빠졌다.

그러다 상담을 하게 되었는데, 그 분이 하는 말이 자신은 남편을 이미 용서했기 때문에 남편과 관계가 다시 회복되고 화해할 줄 알았다는 것이다. 하지만 상대가 원하지 않으면 화해는 되지 않는다.

상처의 환경에서 벗어나라

만일 누가 나에게 반복적으로 잘못하면 반복적으로 용서해야 될까? 맞다. 용서해야 한다. 그렇다고 계속해서 학대 가운데 있어도 된다는 말은 아니다.

누가 나를 한 번 때려서 용서해주었다. 그런데 다음에 또 때렸다고 하자. 그럼 어떻게 해야 하는가? 그 상황을 벗어나야 한다. 용서할 수는 있지만 누군가가 계속해서 나에게 반복적인 상처와 고통을 준다면 그 상황을 벗어나야 한다. 그것이 내가 할 일이다. 누가 나의 발을 계속 밟는데 계속 괜찮다고 말할 필요는 없다. 누군가 내 발을 계속 밟는다면 밟지 못하게 하는 것이 맞는 행동이다.

이런 원리들 아래에서 용서하겠다는 마음을 품고 기도할 때 하나님이 생각나게 해주시는 일들이 있다면, 오랫동안 고통을 주었던 일이라 할지라도 용서가 일어날 수 있다.

우리는 일생을 살면서 다른 사람들과 관계를 맺는다. 그중에는 건강한 관계가 있고, 그렇지 못한 관계가 있다. 우리의 내면에 변화가 일어나기 위해서는 건강하지 못한 관계의 묶임, 마음의 묶임이 제거되어야 한다.

마음의 묶임을 끊으라

성경에서 말하는 가장 기본적인 관계는 부모를 떠나서 둘이 한 몸이 되는 것, 즉 부부이다. 그런데 결혼 후에도 부모와 얽힌 관계 때문에 생긴 문제로 상담을 오시는 분들이 많다. 건강한 가정에는 내가 있고 네가 있고 우리가 있다. 즉 따로 있지만 같이 있는 가족의 모습이다. 연합하는 것이다.

그런데 너무 밀착되어 있어서 나도 없고 너도 없고 우리만 있는 가정이 있다. 이런 가정은 모든 감정과 사건을 다 공유한다. 예를 들면, 아이가 학교에서 문제가 생기면 아이들끼리 해결할 수 있는 문제인데도 온 가족이 다 찾아가서 그 문제를 해결하려 한다.

또 가족의 일원이나 친구가 죽었을 때 그 사람과 형성된 마음의 묶임이 여전히 이어지는 경우가 있다. 그래서 상실을 다루다 보면 마음의 묶임까지 연결되어 있어 그 묶임을 끊어내야 하는 경우가 있다. 그렇지 않으면 그로 인한 슬픔이나 비탄으로 인해 생존자가 고통을 받는다. 예를 들면 자녀를 먼저 보낸 분들 중에 마음속에 자녀를 품고 끝없이 교제하는 경우가 있다. 그러면 오늘을 살아갈 수가 없게 된다.

어느 교회에서 세미나를 하면서 성도들과 상담을 했다. 그중 어릴 때부터 언니 손에서 자란 분이 있었다. 그 분에게는 언니가 아버지였고, 어머니였다. 이분은 성장해 결혼을 한 후에도 언니를 떠나지 못했다. 언니와 대화하고 언니와 같이 시장을 보면서 모든 생활을 함께하니 남편은 자연히 소외되었다.

이분이 상담 받으셨을 때는 이미 언니가 병으로 세상을 떠난 지 15년이나 지난 후였다. 그런데도 아침에 일어날 때마다 언니와 대화를 나눈다고 했다. 그래서 그 분에게 언니를 하나님께 맡겨드리고 떠나보내야 할 때가 된 것 같다고 이야기를 나누고는 같이 기도했다.

기도할 때 이분의 첫 마디가 무엇이었는지 아는가?

"언니, 가지 마. 언니 없이 난 어떻게 살라고!"

이분은 자신의 정체성을 언니에게 두고 있었다. 언니가 없는 건 자신이 없어지는 거였다. 그러니 언니를 놔줄 수가 없었다.

삶 가운데 나도 모르게 무의식적으로 영향을 받고 있는 것이 있다면 이러한 것들이 끊어질 수 있도록 하나님 앞에 기도해야 한다. 하나님 앞에 나아가 기억할 수 있는 사건들을 꺼내서 기도하는 것이다.

"하나님, 제가 그 사람과의 관계에서 건강하지 않게 묶여 있는 부분들이 있다면 끊어지도록 도와주옵소서. 아버지와 아들과 성령의 이름으로 두 사람 사이에 세워진 모든 더러운 영과 혼의 묶임을, 육의 묶임을 끊습니다. 초자연적으로 연결되어 있는 것을 끊어냅니다. 그 모든 악한 영향력을 제거해주시길 간구합니다. 나사렛 예수 그리스도 이름으로 나는 이제 더러운 마음의 묶임을 이용했던 모든 영들에 대하여 권위를 취한다. 너는 더 이상 여기서 어떠한 권리도 없다. 내가 네게 명령하노니 이제 너희는 나나 다른 사람을 상하게 하거나 해하지 말고 떠나갈지어다."

이러한 기도들이 하나님 앞에서 건강한 삶을 살아갈 수 있도록 도와줄 것이다.

내적 맹세는 누군가와 한 약속이나 진술로서 육신의 생각, 즉 거짓말을 붙잡고 있는 것의 결과이다. 대부분 어린 시절에 다짐하고는 잊어버리지만 내적 자아에 숨어 자라 성장한 후에는 열매를 맺게 된다. 심리학에서는 '정신적으로 동의한 것(mental agreement)'이라는 의미로 사용된다. 내적 맹세는 거의 모든 사람에게 있다고 보면 된다. 하지만 내면 깊이 숨어 있어서 찾아내기가 쉽지 않고, 내면 안에 있는 고통과 상처를 보호하려는 노력이었기 때문에 쉽게 변화를 시도하지도 않는다.

내적 맹세는 이런 형태로 심겨진다.

· 나는 결코 우리 집에서 그것을 허용하지 않을 것이다.

· 나는 결코 결혼하지 않을 것이다.

· 나는 (   )을 느끼지 않을 것이다.

· 나는 (   )을 기억하지 않을 것이다.

· 나는 (   )을 잊을 것이다.

· 나는 결코 (   )을 말하지 않을 것이다.

· 나는 복수하여 그들이 대가를 치르게 할 것이다.

· 나는 결코 (   )에 대하여 용서하지 않을 것이다.

· 나는 다시는 (   )를 믿지 않을 것이다.

• 나는 다시는 (　　　　)를 사랑하지 않을 것이다.

이런 내적 맹세를 찾아내는 데 도움이 될 만한 질문들이 있다.

• 주님, 내가 무엇을 하겠다고 약속했습니까?
• 주님, 내가 무엇을 하지 않겠다고 약속했습니까?
• 주님, 내가 나 자신에게 무엇을 약속했습니까?
• 주님, 내가 다른 사람에게 무엇을 약속했습니까?

내가 가르쳤던 청년 중에 자신은 절대 결혼하지 않을 거라고 늘 말하던 청년이 있었다. 청년의 아버지는 알코올 중독자였고, 어머니는 평생 아버지에게 학대를 당하면서도 가정을 이끌어나가는 가장 역할을 했다. 그런 가정에서 자랐으니 그렇게 생각할 수도 있다고 이해가 되었다.

문제는 이 청년이 이성교제를 하다가 조금만 친밀해지려고 하면 연락을 끊어버리는 일을 반복했다. 이유를 물어보니 결혼하게 될까 봐 그렇다고 했다. 이 청년에게 결혼이라는 건 고통이었다. 이 청년에게 결혼은 학대 받으면서 일하는 어머니, 술 마시고 가족을 학대하는 아버지였기 때문이다.

현재의 삶에 쓴 열매를 맺는 내적 맹세는 풀어져야 한다. 다음의 과정이 도움이 될 것이다.

- 인식 : 내적 맹세를 했던 상황들을 보여주시도록 기도하라.
- 용서 : 그 맹세를 하기까지 마음에 영향을 미쳤던 사람이나 사건에 대해 용서의 시간을 가져라.
- 고백과 회개 : 맹세를 풀지 않고 했던 반응들에 대해 회개하라.
- 맹세를 끊어냄 : 예수님의 권세에 의지해 맹세를 포기하고 끊어내는 시간을 가지라.

상담을 하다 보면 이런 내적 맹세들이 생각보다 많은 것을 보게 된다. 그것은 우리가 많은 영역에서 주님보다 나 자신을 의지하는 자기중심적인 삶을 살기 때문이다. 육은 자기중심적이다. 내적 맹세는 하나님 없이 내가 스스로 내 고통의 문제를 해결하려는 시도이다. 그러다 보니 좋은 것이라 할지라도 자신의 힘을 키워내는 것이지 주님을 의지하는 삶의 태도가 아니다.

세대적인 죄와 그 영향력을 끊으라

세대적인 죄란 이전 세대들로부터 비롯된 병리적인 패턴이 현재의 가정에 계속해서 영향을 미치는 것이다. 그렇다면 우리가 쉽게 접할 수 있는 세대적인 영향에는 어떤 것들이 있을까?

우리 어머니는 난소암으로 소천하셨다. 그때 의사 선생님이 가족 중에 딸이 있으면 모두 난소암 검사를 받아야 한다고 말했다. 이처럼 질병을 다룰 때 의사들은 가족병력을 본다. 부모님에게 고혈압이 있었다면 자녀들에게도 고혈압이 있을 가능성이 많다. 부모님의 습관도 내가 그대로 따라하는 경우가 많다는 것을 발견하게 될 것이다.

성경에서는 세대적인 영향에 대해 두 가지 견해를 준다.

나를 미워하는 자의 죄를 갚되 아버지로부터 아들에게로 삼사 대까지 이르게 하거니와 출 20:5

범죄하는 그 영혼은 죽을지라 아들은 아버지의 죄악을 담당하지 아니할 것이요 아버지는 아들의 죄악을 담당하지 아니하리니 겔 18:20

그래서 이에 대한 견해가 분분하다. 어떤 분들은 우리의 상처가 선대로부터 흘러온 것이기에 이것을 끊어야 한다고 가르치고, 어떤 분들은 각자의 죄는 각자가 책임져야 하는 것이니 회개하고 용서하기만 하면 모두 치유된다고 가르친다.

그렇다면 선대의 죄와 각자의 죄에 대해서는 어떻게 이해해야 하는가? 나는 이것이 경향과 운명에 관한 거라고 생각한다. 즉 선대의 죄는 경향을 전달하는 것이므로, 선대에 문제가 있었던 부분에 대해서는 그런 문제가 없었던 사람들보다 더 많은 영향을 받게 된다는 말이다. 예를 들어, 부모가 중독자였다면 그 자녀가 중독자가 될 가능성은 다른 사람보다 많다. 즉 그런 방향으로 나아갈 경향이 강하다는 것이다.

그러나 그것이 운명을 결정하는 것은 아니다. 선택은 각자가 하는 것이다. 그런데 내가 더 많은 경향을 가질 수 있다면 예수 그리스도의 이름으로 거절하고 끊어지도록 기도하면 된다.

이에 대해 잘 알기 위해서는 가족지도를 그려보는 것이 도움이 된다. 그러면 자신을 이해하는 폭도 넓어질 것이다. 세대를 통해서 흘러내려오는 부정적인 특징과 긍정적인 특징을 친가와 외가 할아버지 때부터 현재 가족까지 그려보라. 그리고 자신의 긍정적인 특징과 부정적인 특징을 비교해보라. 우리가 이 일을 하는 것은 그 분들을 비난하고자 하는 것이 아니다. 내가 처한 문제의 출입구가 무엇인지 발견하기 위함이다.

가족지도가 완성되었다면, 가정 안에 있는 문제의 근원을 보여주시도록 기도하라. 만일 부모가 우울증을 경험했다면, 그 자녀는 우울증에 걸릴 경향이 높다. 하지만 내가 그 우울에 예수 그리스도의 십자가의 복음을 적용하고, 그 가운데 기쁨과 소망을 주시도록 기도한다면 부모님과 같은 과정을 겪지 않을 수 있게 된다. 또 가족

안에서 계속 들어왔던 말과 생각들이 진리에 기반한 것들이 아니라면 예수 그리스도의 이름으로 거절해야 한다.

이런 과정들을 통해 내 안에 예수 그리스도의 복음의 능력, 진리의 말씀만이 살아 역사하도록 하자.

마음의 틈을 노리는
악한 영들

내면의 상처와 아픔이 연결되어 있는 부분 중에 영적 영역을 빼놓을 수 없다. 악한 영이 마음의 상처를 타고 들어와 우리에게 고통을 주는 것이다. 이런 경우에는 상담과 함께 영적 영역의 사역이 필요하다.

우리에게 명하신 일

먼저, 악한 영이란 어떤 존재일까? 악한 영은 사람을 통해서 그들의 인격을 나타내고 사람 안으로 들어가기를 원하는 영적인 실체이다. 악한 영도 계급과 조직을 가지고 있지만, 큰 그림 안에서는 악한 영, 귀신, 마귀, 사탄을 비슷한 개념으로 사용한다. 악한 영이나 악한 영을 쫓아내는 사역에 대해서도 다양한 견해들이 있지만, 여기서는 '그리스도인의 부르심'이라는 시선으로 접근하고자 한다.

> 그러므로 너희는 가서 모든 민족을 제자로 삼아 아버지와 아들과 성령의 이름으로 세례를 베풀고 내가 너희에게 분부한 모든 것을 가르쳐 지키게 하라
>
> 마 28:19,20

이 구절은 예수님이 승천하시기 전에 제자들에게 주신 유언과 같은 말씀이다. 예수님은 분부하신 모든 것을 가르쳐 지키게 하라고 말씀하셨다. 그렇다면 예수님이 이 땅에 계실 때 제자들에게 분부하신 것들은 무엇인가?

> 가면서 전파하여 말하되 천국이 가까이 왔다 하고 병든 자를 고치며 죽은 자를 살리며 나병환자를 깨끗하게 하며 귀신을 쫓아내되 너희가 거저 받았으니 거저 주라 마 10:7,8

마태복음에 보면 예수님이 제자들을 전도여행으로 내보내시는 장면이 나온다. 그들에게 하신 말씀 중에 우리가 따르고 있는 것은 몇 가지나 될까? 복음을 전한다. 병든 자를 위해 기도하기도 한다. 그러면 죽은 자를 살리며, 나병환자를 고치며, 귀신을 쫓아내는 일

은 어떤가? 예수님 당시에 나병은 치료가 불가한 병이었다. 그렇지만 그들을 깨끗하게 하라고 말씀하셨다. 그리고 귀신을 쫓아내라고 말씀하셨다. 또 다른 구절들을 보자.

곧 그들이 내 이름으로 귀신을 쫓아내며 새 방언을 말하며 뱀을 집어올리며 무슨 독을 마실지라도 해를 받지 아니하며 병든 사람에게 손을 얹은즉 나으리라 막 16:17,18

그 후에 주께서 따로 칠십 인을 세우사 친히 가시려는 각 동네와 각 지역으로 둘씩 앞서 보내시며 … 내가 너희에게 뱀과 전갈을 밟으며 원수의 모든 능력을 제어할 권능을 주었으니 너희를 해칠 자가 결코 없으리라 눅 10:1,19

마태복음, 마가복음, 누가복음에 반복해서 기록되어 있는 내용 중 하나가 귀신을 쫓아내라는 부분이다. 그런데 이천 년이 지난 오늘날에는 이 부분의 사역을 잘 하지 않는다. 예수님의 사역 기간 중에도 축사사역을 하시는 부분이 종종 나온다. 그분이 삶을 통해서 우리에게 보여주셨음에도 우리가 잘 하지 않는 이유는 무엇일까?

방해공작에 잠식되지 말라
거기에는 여러 이유가 있는데, 먼저 실패에 대한 두려움이 있다.

혹시 귀신이 쫓겨나가지 않을까봐 기도하다가 위축되어버리는 것이다. 결국 실패하느니 하지 말자는 생각에 시도조차 하지 않는다.

둘째, 특별한 은사를 가진 사람만이 이 사역을 할 수 있다는 생각이 우리를 가로막는다. 귀신을 쫓아내는 축사사역은 부흥회에 오신 목사님이나 기도원에서 많이 이루어졌다. 그러다 보니 무언가 특별한 은사를 가진 사람만이 할 수 있는 일이라는 생각에 스스로를 제외시킨다. 하지만 성경을 읽어보면 귀신을 쫓아내는 은사는 없다. 그렇다면 이것은 특별한 은사를 가진 사람만 할 수 있는 사역이 아니라는 말이다. 예수 그리스도를 믿는 사람이라면 누구나 귀신을 쫓아내는 권세를 가지고 있다.

셋째, 그리스도인들은 귀신의 영향을 받지 않는다고 생각한다. 귀신이 역사하는 근거는 그리스도인이냐 아니냐의 문제가 아니라 내 안에 어두움이 있느냐 없느냐의 문제이다. 내 안에 어둠의 발판이 있으면 괴롭힘을 받을 수 있다. 그 발판은 내가 믿고 살아가는 거짓말들이다. 사탄의 대표적인 이름이 거짓의 아비이기 때문이다.

넷째, 예수 그리스도 안에서 우리가 가진 권세가 무엇인지 잘 모를 때 귀신의 영향력을 막지 못하게 된다. 어떤 사람에게 귀신의 영향력이 드러나 그 사람을 두고 기도하려는데, 갑자기 '난 네가 어젯밤에 한 일을 알고 있다'는 생각이 들면 마음이 위축된다. 하지만 귀신을 쫓아내는 일은 우리가 그리스도 안에서 누구인가를 아는 것에 기반을 둔다. 그들은 내가 아니라 예수님의 권세를 두려워하는 것이다. 그분 안에서 우리에게 주어진 권세가 무엇인지를 알지 못하면 속는다.

다섯째, 부정적인 모습 때문이다. 얼마 전에 내가 양육했던 친구와 페이스북을 통해 연락이 되었다. 그런데 이 친구가 예전에 축사를 받은 적이 있었다. 돌이켜보면 아직 성숙하지 못했던 그 시절에는 축사사역을 할 때 조금 더 소리를 질러야 귀신이 잘 나갈 것 같은 생각이 들어서 비인격적으로 그 친구에게 축사사역을 하였다. 지금 생각해보면 부끄럽게 느껴지는 일이다. 그런데 감사하게도 이 친구는 그때의 경험을 부정적인 것으로 기억하지 않고 실제로 귀신이 떠나고 삶의 변화가 일어났던 귀한 경험으로 기억하고 있었다. 하지만 많은 경우에 축사사역에 대해서 비인격적인 모습을 경험한 사람들은 그 사역에 대해 거리끼는 자세를 갖게 된다.

여섯째, 귀신 자체에 대한 두려움을 가진 사람들이 있다. 우리가 이해하는 귀신은 대부분 능력이 많다. 그런데 성경에 나오는 귀신은 별로 능력이 없다. 귀신이 사용할 수 있는 힘은 하나뿐이다. 바로 두려움이다.

그렇기 때문에 귀신이 능력이 있다는 생각은 거짓이다. 이미 예수 그리스도의 십자가로 사탄의 모든 능력은 다 파해졌다. 그래서 그들은 어떻게 해서든지 우리의 삶에 거짓말을 심어 평생 그 안에서 고통 받으면서 살아가게 만들고자 한다. 그 거짓에 속으면 안 된다.

악한 영이 미치는 영향

그렇다면 이런 악한 영들이 우리 삶에 어떻게 영향력을 미치게 될까?

첫째, 악한 영은 우리의 마음에 충격적인 사건을 던져 마음을 상하게 한다. 즉, 우리의 영과 혼과 몸이 제 기능을 할 수 없도록 산산조각으로 부서뜨린다. 이렇게 되면 마음이 무방비 상태가 되면서 악한 영의 영향을 받게 된다. 충격적인 사건이란 신체적인 외상일 수도 있고, 정서적인 외상일 수도 있다.

둘째, 조상들의 죄나 우리가 범한 죄들을 통해서도 악한 영의 영향을 받을 수 있다. 죄는 귀신이 영향을 미칠 수 있는 가장 좋은 환경이다. 반복적인 죄로 인한 죄책감과 속임으로 고통 받게 한다.

셋째, 두 마음을 가진 경우도 악한 영의 영향을 받을 수 있다. 예전에 한 자매가 유부남과 사귀고 있다면서 상담을 하러 온 적이 있다. 자신이 이 문제에서 치유되어 자유롭게 되고 싶다고 해서 치유 사역을 하고 회개 기도까지 했다. 그런데 사무실을 나서면서 자매가 하는 말이 기가 막혔다.

"저는 그 남자 또 만날 건데요."

자매에게 두 마음이 있기 때문이다. 변화되고 싶은 마음이 있지만 계속 그 남자를 만나고 싶은 마음도 있는 것이다. 이런 상황에 자신을 계속 두면 악한 영의 영향을 받을 수 있다.

넷째, 마음의 묶임으로 나타나는 결합으로 악한 영에게 괴롭힘을 당할 수 있다. 정서적인 묶임이나 성적인 묶임이 있을 때 귀신의 영향을 받는 경우들을 보게 된다. 그런 경우에는 상담과 축사사역을 같이 진행한다.

다섯째, 특정한 약물의 영향으로 악한 영에게 괴롭힘을 당할 수 있다. 향정신성 의약품을 사용하는 사람들 중에 악한 영의 영향으로 고통 받는 사람들을 종종 만난다.

그렇다면 거듭난 그리스도인에게 귀신의 영향력이 미칠 수 있는가? 그럴 수 있다. 여기서 주의할 것은 거듭난 그리스도인들이 귀신에 '사로잡힌다'보다는 귀신으로부터 '영향을 받는다', '괴롭힘을 당한다' 정도가 적절한 표현이라고 할 수 있단 것이다.

혹시나 신앙생활을 한다고 하면서도 알게 모르게 점을 치러 다니거나 오늘의 운세 같은 것을 믿는 분들은 하나님 앞에서 결단을 보일 필요가 있다. 재미로 보는 거라고 말할 수도 있지만, 그들의 말을 따랐다면 그건 이미 재미로 본 것이 아니다.

사탄의 발판을 제거하라
이런 영향을 깨닫고 축사사역을 진행함에도 잘 되지 않을 때가 있다. 그럴 때는 사탄이 발을 뻗을 수 있는 발판들을 먼저 제거하고 시작하는 것이 좋다.

그것은 앞에서 살펴보았던 회개와 용서, 마음의 묶임이나 내적 맹세나 세대적인 영향력을 제거하는 일들이다. 그렇게 되면 사탄은 발판을 잃게 되고, 훨씬 효과적으로 사역할 수 있게 된다.

사탄의 발판들이 제거되고 악한 영이 떠나면 삶의 변화를 보게 된다. 그래서 더욱 주님의 부르심을 따르게 되는 것, 이것이 우리가 축사사역을 하는 이유이다. 내적인 상처들, 거짓말들이 처리되고, 축사가 이루어지면 말씀을 따라가고 주님을 의지하는 삶을 사는 데 더 힘을 얻게 될 것이다.

받아
누리고
흘려보내라

PART 4

정서적 생각의 치유, TL

하나님은 예수님 안에서 풍성한 삶을 살기 원하는 사람들에게 구원을 주신다. 예수님의 복음은 우리 내면의 풍성함과 우리의 정서적, 영적, 지적 영역에서 부요함과 풍성함을 얻게 하신다. 그런데 지금 우리의 삶은 풍성한가? 부요한가?

도둑이 오는 것은 도둑질하고 죽이고 멸망시키려는 것뿐이요 내가 온 것은 양으로 생명을 얻게 하고 더 풍성히 얻게 하려는 것이라 요 10:10

우리는 그동안 우리 마음 안에 자리 잡고 있는 쓴 뿌리들을 다루는 법에 대해 살펴보았다. 이제 이것을 정리하면서 또한 다른 사람들에게도 흘려보낼 수 있는 방법을 알아보고자 한다.

정서적 반응과 행동의 연결고리

먼저 기억해야 할 것은 나의 모든 정서적인 반응과 행동은 결국 나의 생각이 외부환경에 의해 자극을 받을 때 연쇄적으로 일어난다는 것이다. 아래의 마음 도식을 참고하면 이해하는 데 도움이 될 것이다.

마음 도식

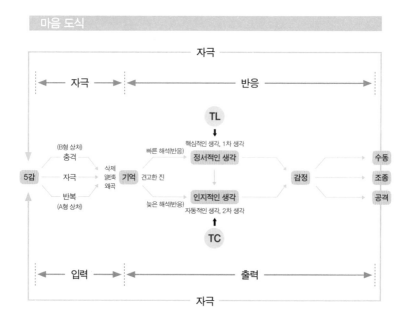

외부로부터 어떤 자극이 주어지면 내 안에 자리 잡고 있던 육체의 생각이 반응하고, 그 다음에 감정이 반응하여 특정한 행동을 하게 한다. 여기에서 두 가지 생각이 반응하게 되는데, 앞에서 살펴본 정서적인 생각과 인지적인 생각이다. 두 생각 모두 의식적이라기보다는 잠재의식적이다. 그러나 인지적인 생각들이 좀 더 의식에 가깝게 있다고 말할 수 있다. 즉 정서적인 생각들보다 찾아내기 쉽다.

자극이 있을 때 삶의 경험 안에 자리 잡고 있던 경험적인 생각들이 먼저 자극을 받는다. 일부는 바로 감정을 일으켜 행동으로 옮겨지게 되고, 일부는 인지적인 생각들로 옮겨지고 나서 감정으로 반응하고 행동으로 나온다.

그러므로 정서적인 생각들은 외부에서 자극이 오면 빠른 반응을 보인다. 순간적으로 기분이 나빠지기도 하고 좋아지기도 한다. 이런 정서적인 생각들은 생명나무사역(TL, Tree of Life)을 통해 치유되고 새롭게 되는 것을 많이 경험한다. 어떤 경우에는 한 번의 사역으로 우울증이 치유되고 두려움과 공포가 사라지기도 한다. 반면에 인지적인 생각들은 정서적인 생각들에 비해서 느리고 새롭게 되는 시간도 더 걸린다. 인지적인 생각들은 진리차트사역(TC, Truth Chart)을 통해 치유하게 된다.

이 두 가지 방법은 상호보완적이며, 정서적인 사람이냐 인지적인 사람이냐에 따라 치유 방법을 달리할 수도 있다. 우선 정서적 영역을 다루는 생명나무사역의 진행에 대해 살펴보자.

하나님 안에서 근원을 찾으라

기도함으로 시작하라. 혼자 할 때는 혼자 기도하고, 다른 사람을 위해 사역할 때는 함께 기도하면 된다. 그런데 내 경우에는 다른 사람을 위한 사역을 할 때 우리 아이들이 다치는 일을 자주 경험하게 되었다. 그래서 사역하시는 다른 분들의 사례를 찾아보니 치유사역을 할 때 악한 영의 공격을 많이 받는다는 것을 알게 되었다. 그때부터 사역하는 나와 가족들을 보호하는 기도를 하게 되었다.

"하나님, 저는 스스로 할 수 없는 사람입니다. 하나님이 도와주시지 않는다면 이 사역을 할 수 없는 사람입니다. 제 문제를 깨닫게 해주시고 치유의 음성을 들려주십시오. 또 저와 내담자, 저희 가족을 지켜주옵소서."

우리의 실패와 하나님의 도우심 없이는 문제를 해결할 수 없다는 것을 고백하라. 우리 삶의 모든 영역에 주님이 주인 되어주시길 구하라.

이제 문제를 찾아가기 시작하자. 그 시작점은 불쾌한 감정일 수 있다. 처음부터 수치심이나 거절감이라고 접근하지 않아도 된다. 그저 '무엇이 기분 나쁘다' 정도에서 시작하면 된다. 그걸로 충분하다. 또 부정적인 생각이 계속 드는 경우가 있을 것이다. 그렇다면 그 생각을 떠오르게 하는 기억에서 시작할 수도 있다. 무엇이든 가능하다.

이처럼 상처 안에 숨겨져 있는 육체의 생각, 육체의 감정을 찾아보라. 감정을 느낄 수 있을 때는 성령님이 치유하기를 원하시는 기억(토양)을 보여주시길 기도하라. 만약에 어떤 기억도 떠오르지 않는다면 감정을 일으키는 계기가 되었던 현재의 상황으로 돌아가 어떤 것이 원인이 되어 그러한 감정을 느꼈는지 알아보라.

증상의 원인이 되는 상처를 보여주신다면, 상처를 입힌 사건이 어떤 일이었는지, 그 일이 발생했을 때 무엇을 느꼈는지 주님 앞에서 토해놓으라. 그 기억에 등장하는 사람에게 하고 싶은 말이 있다면, 자유롭게 표현해보라.

치유 과정 따라 가기

첫째, 상처 받은 사건에서 나에게 상처준 사람들을 용서하라. 그리고 나 자신을 용서하라.

둘째, 혹시 내가 용서를 구할 사람이 있다면 마음을 열어 고백하고 용서를 구하라. 하나님 앞에 회개해야 할 일이 있다면 회개하고 그 일에서 돌이키라.

셋째, 상처와 관련된 마음의 묶임이 있다면 끊어버리라.

넷째, 상처와 관련해 내적으로 맹세한 것이 있다면 끊어버리라.

다섯째, 상처와 관련된 세대적인 죄와 그 영향력이 있다면 끊어버리라.

여섯째, 상처와 관련된 악한 영이 있다면 쫓아내라.

일곱째, 상처에 숨겨진 육체의 생각을 발견할 수 있도록 주님에게 도우심을 구하라. 그 육체의 생각을 인정하고 받아들이라. 내가 믿고 있는 육체의 생각을 성령의 생각으로 바꾸어주시도록 기도하고 주님의 음성을 기다리라. 치유와 변화는 하나님이 사람의 마음에 진리(영의 생각)를 계시해주실 때 나타난다. 이렇게 하나하나의 생각이 진리로 바뀔 때 자유케 되며, 풍성한 삶이 우리를 기다리는 일을 경험하게 될 것이다.

여덟째, 아버지 하나님의 사랑을 받아들이라. 치유해주심에 감사하고, 주님이 심어주신 진리가 열매를 맺으며, 계속해서 주님 안에 거할 수 있기를 기도하라.

아홉째, 현재의 갈등 상황을 다시 생각해보자. 치유사역 이전과 같은 감정과 생각이 있는지, 아니면 치유가 되었는지 점검하고, 필요하다면 사역을 반복하라.

열째, 축복하고 격려하는 기도로 마무리하라.

사역의 적용

내가 상담했던 어떤 자매는 교회에 갈 때마다 문을 열고 들어가는 것이 두렵다고 고백했다. 교회 문을 열고 들어갈 때 '사람들이 나를 쳐다보면 어떻게 할까? 사람들이 쳐다보면 너무 창피할 텐데…'라는 생각을 가지고 있었다고 한다. 그런데 아니나 다를까 주일에 교회 문을 열고 들어가는 순간 전도사님이 자신을 쳐다본 것이다. 자매는 전도사님이 자신을 째려본다고 느꼈다. 그리고 그 상황이 너무나 수치스러웠다.

상담을 시작하면서 문제 상황을 묻자 자매는 수치심에 대해 말했다. 사람들이 자신의 눈을 쳐다보면 불편하고 수치스러웠다고 한다. 이것이 자매의 삶에서 드러나는 증상이었다. 그래서 사람들이 자신을 쳐다볼 때 왜 수치스러운지, 사람들의 눈에 띄는 것이 왜 싫은지를 묻고, 그 안에 자리 잡은 감정을 찾아갔다.

이야기를 계속해나가면서 수치심과 경멸의 눈빛을 처음 경험했던 때를 물었더니, 자매가 어렸을 때 무언가를 잘못하면 엄마가 자신을 경멸하듯이 쳐다보았다고 말했다. 엄마가 자매를 때린 적은 없지만, 경멸하는 그 눈빛을 받으면 자신이 너무 수치스럽게 느껴졌다고 고백했다.

이야기를 듣고 나서 그때의 감정을 표현해보도록 요청했다. 자매는 순간적으로 열 살짜리 아이가 되어서 엄마에게 자기 안에 있던 것들을 꺼내놓았다. 소리를 지르며 말하기도 하고, 안아달라고도 했다. 이제 남은 것은 열 살짜리 아이가 엄마를 용서하는 일이었다.

자신을 그렇게 경멸하듯이 쳐다본 엄마를 용서할 수 있겠냐고 물어보니 이미 지나간 일이니 용서할 수 있다고 말했다. 어른이 된 자매가 아닌 열 살짜리 아이로서 할 수 있겠냐고 다시 물어봤다. 그랬더니 반응이 달라졌다. 열 살짜리 아이 안에 감정이 고착되어 있기 때문이다. 지금은 엄마를 용서할 수 있을지 모르지만, 열 살짜리 아이는 여전히 엄마에 대한 반감을 가지고 있을 수 있다. 그래서 열 살짜리 아이가 용서할 수 있도록 해야 한다.

엄마를 용서하는 기도를 한 후에 자매는 이렇게 말했다.

"사실 저는 그 이후로 엄마를 더 이상 사랑하지 않기로 했어요. 그때부터 여자들은 내 인생의 적이라고 생각했어요."

처음에 상처 받은 것은 자신의 잘못이 아니지만, 그때부터 계속해서 그 마음을 가지고 있었다면 그것은 자신의 문제이다. 그리고 자매는 엄마에 대해서 원망하고 미워한 것뿐만 아니라 다른 여자들에 대해서도 그렇게 생각했던 것을 회개했다.

그리고 수치심의 밑바닥에 있던 생각의 틀을 끄집어냈다.

"엄마가 그렇게 쳐다볼 때마다 나는 제대로 하는 게 하나도 없는 아이라는 생각이 들었어요."

이 생각이 자매에게 수치심을 만들어냈던 것이다. 우리는 함께 자매 안에 있던 육체의 열매인 수치심, 그리고 그동안 믿고 살아왔던 거짓이 주님의 진리로 치유되도록 기도했다. 그리고 상처 받은 열 살짜리 아이에게 하나님의 사랑이 부어지길 기도했다.

이후로 자매는 수치심으로부터 자유케 되었고, 더 이상 다른 사람들의 시선을 의식하지 않게 되었다고 한다. 자신이 하나님의 사랑받는 사람임을 경험하게 된 것이다.

하나님의 음성은 우리의 마음 안에서 자라 열매를 맺는다. 어떤 사람에게는 한 순간에 진리의 열매가 맺히기도 하지만, 어떤 사람에게는 오랜 시간이 지나서야 열매를 맺기도 한다. 시간의 차이가 있지만, 분명한 것은 진리의 말씀이 우리 마음에 심기면 꼭 열매를 맺는다는 것이다. 그러므로 기대하고, 감사하며, 계속해서 진리 안에 거하자.

인지적 생각의 치유,
TC

생명나무사역과 진리차트사역은 치유사역의 양 날개와 같다. 새가 한쪽 날개만 펄럭이면 제자리에서 빙빙 돌게 되지만, 양쪽 날개를 모두 사용하면 멀리 날아갈 수 있는 것처럼 두 사역을 상호보완적으로 사용한다면 균형을 유지하면서 치유와 회복을 이루어나갈 수 있다.

육체의 생각을 바꾸는 과정

진리차트사역은 '진리(truth)'의 영어철자인 T, R, U, T, H로 시작하는 다섯 단계를 통해 삶의 순간순간 떠오르는 육체의 생각들을 구체적으로 바꿔나가는 과정을 정리한 것이다. 이 과정은 반복적으로 주어졌던 A형의 상처들을 치유하는 데 효과적이다.

- T(Trigger event) 감정과 행동을 일으키는 사건을 찾으라
- R(Reaction) 그에 대한 반응을 점검하라
- U(Ungodly thought) 그 속에 있는 육체의 생각을 찾으라
- T(Test & Transformation) 육체의 생각을 영의 생각으로 바꾸라
- H(Healthy Response) 영의 생각을 따라 살라

이 과정들을 하나씩 따라가보자.

T : 반응을 일으키는 사건

정서적인 감정과 행동을 일으키는 사건을 객관적으로 본다. 어떤 사건이 나의 감정과 행동을 유발시키는지, 또 버튼이 눌러지는 사건은 무엇인지 객관적으로 바라본다.

R : 반응

버튼이 눌러질 때 어떻게 느끼고 행동했는지에 대해 외적인 행동과 내적인 감정으로 나누어 찾아본다. 외적 행동은 사건이 어떠한 행동을 유발했느냐 하는 것이고, 내적 감정은 사건으로 인해 어떤 감정들이 유발되었는지를 묻는 것이다.

U : 육체의 생각

이러한 감정과 행동을 일으키는 육체의 생각을 찾아낸다. 대부분의 경우에는 그 밑바닥에 어떤 생각이 있는지 못 찾는 경우가 많다. 그럴 때 내적 감정과 외적 행동 뒤에 어떤 육체의 생각이 있는지 질문해볼 수 있다. 즉 왜 이런 감정을 느끼고 이런 행동을 하는지, 또 무슨 생각을 하면 이런 감정이 느껴지는지 생각해본다.

T : 육체의 생각을 점검하고 변화되기

자신이 믿는 육체의 생각을 점검하고 반박해볼 수 있다.

- 그 생각은 객관적인가?
- 그 생각은 긍정적인 감정을 일으키는가?
- 그 생각은 적절한 행동을 하도록 하는가?
- 그 생각은 갈등을 피하거나 관계에 도움이 되는가?
- 그 생각은 하나님의 성품과 일치하는가?

만약에 위의 각 질문에 대해 그렇게 생각하지 않는다면 반박하고 어떻게 바꿀 수 있는지 깊이 생각해본다.

육체의 생각을 확인했다면 이제까지 내가 믿어 왔던 육체의 생각을 회개하고 거절해야 한다. 그리고 그 육체의 생각들을 십자가에 못 박음으로 부정적인 영향을 미치지 못하게 한다. 이 생각에 대해서 용서할 대상이나 사건이 있다면 용서하라. 마지막으로 영의 생각으로 마음을 새롭게 할 필요가 있다. 주님이 주시는 진리의 말씀을 듣고 받아들인 후 믿고 고백하고 선포해야 한다. 그 진리가 마음에 받아들여질 때까지 시간을 투자하라.

H : 건강한 반응

새로워진 생각으로 새로운 감정과 행동을 연습하는 것이다. 만약 동일한 사건이 일어났을 때, 새롭게 된 영의 생각에서 보면서 어떤 감정과 행동을 취하기 원하는지 결단한다.

진리차트로 생각을 새롭게 하기

다음 예에서는 생활에 직접 진리차트를 적용해보았다. 여기에서는 육체의 생각, 감정, 행동을 어떻게 변화시킬 것인가에 관하여 이야기할 것이다. 물론 핵심은 인지적인 생각을 하나님의 진리로 바꾸는 것이다.

반응을 일으키는 사건 | 어느 날 한별이가 학교 갈 가방을 챙기는데 필통에 한 자루의 연필만 넣고 가방을 싸는 것을 보았다. 이 상황을 본 나는 분노가 일어났고, 아내와 한별이에게 화를 냈다. 이것이

문제를 일으킨 사건이다.

반응 | 이에 대해 나의 감정과 행동이 반응했다. 먼저 아내와 한별이에게 언성을 높였다. 이 모든 것이 아내의 책임인 것처럼 말했다. 나의 감정은 화가 나기도 하고, 창피하기도 하고, 죄책감이 들기도 했다.

육체의 생각 | 내가 이렇게 표현하고 느낀 데에는 이런 생각이 있었다 : 한별이는 학교 갈 준비를 잘 해야 한다, 아내가 제대로 아이들을 돌보지 않는다, 아이들이 학교에 가면 선생님에게 비난을 받을 것이다, 그 비난은 결국 나에게 돌아올 것이다, 그러면 수치스러울 것이다, 부모로서 아이가 학교에 갈 수 있는 준비를 제대로 해주지 않았기 때문이다, 수업시간에는 매시간 연필이 필요하기 때문에 한별이가 여러 자루의 연필을 가지고 학교에 가야 하고, 그것을 챙기는 일은 아내의 책임이다, 아내가 아이들을 제대로 양육하지 않았기 때문에 이런 일이 일어났다, 한별이가 매번 이렇게 학교에 간 것 같다.

육체의 생각 점검하기 | 그렇다면 이러한 나의 생각을 점검해볼 필요가 있다.

- 그 생각은 객관적인가? : 그렇지 않다. 이번에만 연필 한 자루를 가져갔을 수 있고, 또 내일 아내가 점검할 수 있다.
- 그 생각은 긍정적인 감정을 일으키는가? : 역시 아니다. 화가 났고, 창피함과 죄책감이 들기도 했다.
- 그 생각은 적절한 행동을 하도록 하는가? : 아니다. 아내와 아이에게 소리를 질렀고, 아내를 비난했다.
- 그 생각은 갈등을 피하거나 관계에 도움이 되는가? : 물론 아내와의 관계가 어려워졌다.
- 그 생각은 하나님의 성품과 일치하는가?(예수님도 그렇게 생각하실까?) : 아니다. 한별이는 하나님의 자녀인데, 내 마음대로 하려고 했다. 그 아이의 인생을 하나님이 책임지신다는 것을 신뢰하지 못했다.

결국 나의 생각이 건강하지 못했음을 발견하고 변화를 위해 기도했다.

"하나님, 한별이의 행동을 보면서 아내와 아이를 비난하고 화를 냈던 저를 용서해주십시오. 그리고 건강하지 않은 저의 생각들을 십자가에 못 박습니다. 이러한 육체의 생각들을 거절합니다. 주님의 생각으로 변화시켜주세요."

영의 생각으로 변화되기 | 주님은 새로운 것을 깨닫게 해주셨다 :

한별이의 행동이 나를 수치스럽게 할 수 없다, 매번 이렇게 한 것이 아니다, 건강하지 못한 생각은 아내를 판단하게 한다, 한별이의 양육은 나와 아내의 공동책임이다.

건강한 반응 | 그리고 나니 내 마음 안에 돌보는 마음, 안쓰러움, 미안함과 유연함이 생겼다. 그리고 외적 행동을 결단했다. 먼저 내가 한별이의 연필을 깎아주기로 했고, 내가 도와야 할 부분이 무엇인지 점검해보기로 했다. 또 나를 돌아보았으며, 어찌 보면 작은 일이지만 아내에게 화낸 것에 대해 용서를 구했다. 아내는 나를 용서해주었고, 내 삶의 작은 육체 조각이 하나님의 것으로 새롭게 되었다.

얼마 지나지 않아 한별이가 또 연필을 한 자루만 필통에 넣어서 가방을 챙기는 것을 보았다. 그때 나는 이전과 다른 반응을 할 수 있었다. 내 생각은 이미 새롭게 되었기 때문이다. 그래서 나는 한별이에게 말했다.

"한별아, 아빠가 연필을 더 깎아줄게, 가지고 학교 가."

놀라운 변화였다. 분노하지 않으면서 평안함 가운데, 새로워진 생각으로 아들을 대할 수 있게 된 것이다.

진리 차트(Truth Chart)

T 반응을 일으키는 사건 (Trigger Event)		어떤 사건이 당신의 감정과 행동을 유발시켰는가?(Trigger Event)
R 반응 (Reaction)	외적 행동	이 사건이 어떠한 행동을 유발하게 하였는가?(Outward Reaction)
	내적 감정	어떤 감정들이 유발되었는가?(Inward Reaction)
U 육체의 생각 (Ungodly though)	육체의 생각 찾기	1. 이러한 내적 감정과 외적 행동 뒤에 어떠한 육체의 생각이 있는가? 2. 육체의 생각을 찾기 위한 질문하기 "왜" 왜 이런 감정을 느끼는가? 왜 이런 행동을 하게 되는가? 무슨 생각을 하면 이런 감정이 느껴지는가? 3. 자동적인 부정적인 생각 찾기
T 육체의 생각이 영의 생각으로 변화되기 (Test & Transformation)	생각 점검	육체의 생각을 반박하기 위한 질문하기 • 그 생각은 객관적인가?(Yes/No, Why?) • 그 생각은 긍정적인 감정을 일으키는가?(Yes/No, Why?) • 그 생각은 적절한 행동을 하도록 하는가?(Yes/No, Why?) • 그 생각은 갈등을 피하거나 관계에 도움이 되는가?(Yes/No, Why?) • 그 생각은 하나님의 성품과 일치하는가?(Yes/No, Why?)
	변화	육체의 생각을 십자가로 가져가기 — 내가 믿어 왔던 육체의 생각을 회개하고, 거절하고, 십자가에 못 박음으로 육체의 생각이 다시 부정적인 영향을 미치지 못하도록 기도한다.
		영의 생각으로 새롭게 되기 — 주님의 음성을 들으라. 주님이 주시는 진리의 말씀을 받아들이고, 믿고, 고백하며, 선포하라. 마음에 받아들여질 때까지 시간을 들이라. 하나님의 음성에 순종하라.
H 건강한 반응 (Healthy Response)	영의 생각을 따라 살기	새롭게 된 내적 감정 — 영의 생각을 마음에 꼭 간직하고, 그 상황이 다시 생겼다고 가정해보라. 어떤 감정이 느껴지는가?
		새롭게 된 외적 행동 — 그렇다면, 같은 상황에서 어떤 행동을 하게 될까?

T 반응을 일으키는 사건 (Trigger Event)		
R 반응 (Reaction)	외적 행동	
	내적 감정	
U 육체의 생각 (Ungodly though)	육체의 생각 찾기	
T 육체의 생각이 영의 생각으로 변화되기 (Test & Transformation)	생각 점검	육체의 생각을 반박하기 위한 질문하기 • 그 생각은 객관적인가?(Yes/No, Why?) • 그 생각은 긍정적인 감정을 일으키는가?(Yes/No, Why?) • 그 생각은 적절한 행동을 하도록 하는가?(Yes/No, Why?) • 그 생각은 갈등을 피하거나 관계에 도움이 되는가?(Yes/No, Why?) • 그 생각은 하나님의 성품과 일치하는가?(Yes/No, Why?)
	변화	육체의 생각을 십자가로 가져가기
		영의 생각으로 새롭게 되기
H 건강한 반응 (Healthy Response)	영의 생각을 따라 살기	새롭게 된 내적 감정
		새롭게 된 외적 행동

이런 치유와 함께 우리의 생명이 더 잘 흘러가도록 돕는 방법들이
있다.

칭찬하는 말, 격려하는 말

잠언에서는 말의 중요성을 언급하며 "따뜻한 말은 생명나무와 같
지만 가시 돋힌 말은 마음을 상하게 한다"(잠 15:4, 새번역), "죽고
사는 것이 혀의 힘에 달렸나니 혀를 쓰기 좋아하는 자는 혀의 열매
를 먹으리라"(잠 18:21)라고 했다.

일본에서 이런 테스트를 한 적이 있다. 두 그루의 나무를 키우는
실험이었는데, 한 나무에게는 계속 이렇게 말했다.

"너 참 예쁘게 생겼다. 잎사귀 파릇파릇한 거 봐. 난 네가 너무 좋아."

한 달 동안 그렇게 했다. 그리고 그 옆의 나무에게는 이렇게 말했다.

"야, 너는 어떻게 이 모양으로 생겼냐? 아이고, 요걸 그냥."

그러자 한 달이 지난 후 이 나무는 말라 비틀어져 죽었다. 말이라는 것이 이렇게 중요하다.

"너는 맨날 하는 게 왜 그 모양이냐? 나가 죽어라. 내가 너 낳고 미역국을 먹었다니, 아이고 답답해라."

이런 소리만 듣고 살아왔다면, 우리의 삶에는 생명이 아니라 마음을 상하게 하는 것들이 쌓이게 된다.

살아오면서 부모님이나 선생님이나 내 삶에 의미 있는 사람으로부터 칭찬과 격려를 많이 받은 사람들일수록 내적인 안정감을 가지고 있을 가능성이 많다. 우리의 마음에 생명나무와 같은 말이 많은지, 아니면 가시 돋힌 말이 많은지 살펴볼 필요가 있다.

함께 보내는 시간

우리는 예배가 중요하다고 말한다. 왜 그런가? 예배란 하나님을 만나고, 그분과 함께 시간을 보내는 것이기 때문이다. 부부 간에도, 부모자녀 간에도 마찬가지이다.

"우리는 양적으로 많은 시간을 함께 보내진 못하지만, 질적으로 깊은 시간을 보내요."

그러나 사실 양이 없는 질이라는 건 불가능하다. 요즘에는 아버지학교, 어머니학교, 아기학교와 같은 곳에서도 서로가 함께 시간을 보내야 한다고 가르친다. 그런데 실제로는 어떤가?

피곤한 몸을 이끌고 집에 왔더니 다섯 살짜리 아들이 공을 가지고 와서 놀아달라고 한다. 그러면 텔레비전을 보면서 공을 들고는 저쪽 방으로 휙 던진다.

"가서 가지고 와~."

잠시 후에 아이가 공을 찾아온다.

"빨리 왔네~."

그러면서 다시 휙 던져준다.

이건 시간을 함께 보내는 것이 아니다.

서로에게 집중하는 시간이 필요하다. 하나님이 우리에게 집중하시고, 우리가 하나님께 집중하는 시간이 필요하다. 또 사랑하는 사람들에게 집중하는 시간이 필요하다. 이것을 배워야 한다.

함께 시간을 보내는 건 마음과 마음이 만날 때 가능하다. 그렇지 않으면 공허함만 남게 된다. 우리가 자라온 시간들을 돌아보며 다음의 질문들을 던져보자.

- 나는 부모님과 그런 시간을 가졌는가?
- 내가 사랑하는 사람들과 그런 시간을 가졌는가?

다른 사람을 섬김

부모는 음식을 먹이고, 옷을 입히고, 아픈 곳이 있으면 치료해주며 자녀를 기른다.

내가 상담했던 분 중에 손이 꺾인 상태로 평생을 살아온 분이 있었다. 어렸을 때 손이 부러졌는데 아버지가 이렇게 말했다고 한다.

"괜찮아. 그냥 놔두면 붙어."

물론 붙었다. 부러진 그대로. 그래서 손이 꺾인 상태로 평생을 살아온 것이다. 이분은 손을 볼 때마다 아버지에 대한 깊은 원망이 일어났다.

'병원에 데려가서 펴주기만 했어도 이러지 않았을 텐데.'

마땅히 채워주어야 할 자녀들의 필요를 채워주지 못한 것이다.

내가 다닌 중학교에는 부유층 아이들이 많이 다녔다. 학교가 끝나면 차를 몰고 와서 아이들을 데리고 갔다. 그때 내가 제일 싫어했던 아이들이 나이키 신발을 꺾어 신고 다니는 아이들이었다. 가난한 나는 감히 신어볼 수도 없는 그 신발을 어떻게 꺾어 신고 다닐 수 있는가 말이다. 그 친구들이 나이키를 신고 다닐 때 나는 페가수스를 신고 다녔다. 나이키랑 똑같은 모양인데 선이 하나 더 있었다. 그래서 바지를 길게 입고 다녔다. 그러면 약간 나이키처럼 보였으니까.

내 마음을 더 어렵게 한 일은 공납금을 제때 내지 못하는 것이었다. 분기당 한 번 내는 것을 그 다음 분기에야 간신히 낼 수 있었다. 어른이 되어서 나는 아버지에게 학교 다닐 때 왜 학비를 제때 주시지 않았는지 물어봤다. 아버지의 대답은 이랬다.

"아직도 그걸 몰랐냐? 공납금은 이자가 붙지 않잖아."

전기세, 수도세에는 다 이자가 붙지만 당시 공납금에는 이자가 붙지 않았다. 아버지는 간단하게 생각한 문제였을지 모르지만, 내 마음에는 큰 수치심으로 남아 있다.

자라면서 우리의 삶에 마땅히 채워져야 할 것이 채워지지 않을 때 우리의 마음은 상할 수 있다. 이건 부부 간에도 마찬가지이다.

따뜻한 터치

카스트제도를 따르던 인도에서 최하층민은 '언터처블(untouchable, 불가촉천민)'이라고 불리는 사람들이다. 이 사람들은 밤에만 나와서 인도의 더러운 화장실을 청소하고 사라진다. 이들은 가족끼리도 서로를 만지지 않는다고 한다. 서로 더럽다고 여기기 때문이다.

그런데 어떤 선교단체의 선교사 한 분이 이 사람들을 찾아내 섬겼다. 한번은 그 단체의 책임자가 이 사람들을 만나러 갔다. 인사를 하려고 하자 선교사님이 그들을 어루만져주라고 했다고 한다.

이런 터치는 "당신은 중요한 사람입니다. 당신은 의미 있는 사람입니다. 당신은 소중한 사람입니다"라는 말을 대신해준다.

의학계에는 '캥거루 프로젝트'라는 게 있다. 캥거루들은 배에 있는 주머니에 아기 캥거루를 넣어 다니는데, 조산아들을 인큐베이터에 넣는 대신 간호사나 엄마가 품고 있으면 회복하는 데 효과적이라는 것이다. 임상적으로 인정을 받은 프로젝트이다.

마음을 나누는 선물

이십 대가 되기 전까지 나는 생일을 챙겨본 일이 없다. 부모님 생일도, 내 생일도 챙겨본 적이 없다. 기억나는 것이라곤 군대에서 생일이라고 밥 먼저 먹게 해준 것과 박카스 한 병 준 것뿐이다. 그런데 사실 생일을 챙기는 것은 중요하다. 삶을 살아가는 데 있어서 기념일을 챙기는 것은 큰 의미가 있다. 기념일을 통해서 나의 존재를 다시 확인하는 경우들이 많기 때문이다. 그런 일들이 없어지면 마음이 상할 수 있다.

하나님으로부터 우리가 받았던 선물들, 부모님으로부터, 배우자로부터 받았던 선물들이 있는가 생각해보라. 꼭 물질적인 것이 아니더라도 쪽지 하나, 정성어린 도시락, 함께한 시간 등 여러 가지가 있을 것이다.

하나님은 우리에게 많은 선물을 주셨다. 나의 삶에도 많은 선물들을 주셨다. 자라오면서 받지 못했던 선물을 하나님이 주셨다. 선물은 상대방이 존중받는 느낌을 갖게 한다.

우리가 하나님의 생명을 경험했다면, 그 생명을 흘려보내야 한다. 그래야 내가 살고, 다른 생명도 살릴 수 있게 된다.

에필로그

회복을 누리게 하시는

은혜

예수님은 이 땅에서 33년 간 온전한 인간으로 사셨다. 그런데 어떻게 하나님 아버지와 친밀한 사랑의 관계를 유지하며 살아가실 수 있었을까? 나는 예수님이 자신의 삶을 통해 이것을 보여주시려 하신 것이 아닐까 싶다.

예수님은 제자들을 모아놓고 아버지에 대해 많은 것을 가르쳐주셨다. 한번은 빌립이 예수님께 물었다.

"예수님, 아버지 좀 보여주세요. 맨날 아버지, 아버지 얘기하시는데 아버지 좀 보여주세요."

그랬더니 예수님이 놀라며 말씀하셨다.

"빌립아, 내가 너랑 그렇게 오래 있었는데 아버지를 보여달라고? 나를 본 사람은 아버지를 본 거야."

또 제자들을 불러 모으시고는 "내가 오늘 너희들에게 기도를 가르쳐줄게. 하늘에 계신 우리 아버지여…"라고 말씀하시기도 했다.

사실 그때 예수님이 하나님을 아버지로 소개하신 것은 상당히 위험한 일이었다. 당시 이스라엘 사람들은 감히 하나님을 아버지라고 부르지 못했다. 그런데 예수님은 하나님을 아버지로 부르셨던 것이다.

정치권이고 기성세대였던 바리새인과 사두개인들은 예수님의 그러한 언행을 받아들이기가 어려웠고, 예수님은 결국 종교적인 이유와 정치적인 이유를 빌미로 죽임을 당하시게 된다.

예수님은 그렇게까지 우리에게 하나님 아버지에 대해 가르치시며 그분과의 관계가 회복되어지기를 원하셨는데, 왜 우리는 하나님 아버지의 사랑을 경험하지 못하는 걸까?

첫째, 자기 자신을 의지하고 살아가기 때문에 그렇다. 부모님을 울타리 삼아 살아가는 아이들과 달리 부모님이 계시지 않는 아이들은 항상 불안정한 마음을 갖게 된다. 어릴 때부터 자신의 힘으로 험한 세상을 헤쳐 나가야 했기 때문이다.

우리가 하나님을 바라볼 때 이런 마음으로 바라보는 것은 아닐까? 아버지가 아니라 섬겨야 할 주인으로, 자기 자신밖에는 의지할 것이 없다는 마음으로 살아가고 있는 것은 아닐까?

예수님은 그런 우리를 향해 계속해서 말씀하신다.

내가 너희를 고아와 같이 버려두지 아니하고 너희에게로 오리라 요 14:18

이는 우리가 스스로를 의지하고 살도록 버려두지 않겠다는 말씀이다. 하나님을 아버지로 의지하고 살아가도록 하겠다는 말씀이다. 우리는 그 말씀을 붙들어야 한다.

둘째, 하나님 아버지를 오해하기 때문이다. 사람은 자라면서 부모를 통해 세상을 처음 경험한다. 그리고 그 시각에서 벗어나기가 쉽지 않다는 걸 지금까지 살펴보았다. 문제는 우리가 경험했던 육신의 아버지로 인한 부정적인 경험이 하나님 아버지에게 그대로 반영되는 경우가 많다는 것이다.

만약 아버지가 일찍 돌아가셨거나 이혼을 하셔서 버림받음을 경험했다면 하나님을 바라볼 때 '내가 하나님을 사랑하면 날 떠나실 거야. 거절하실 거야'라고 생각할지 모른다. 수동적인 아버지를 둔 사람들은 하나님이 계신 걸 알고 그분이 자신을 사랑하신다는 것도 알지만, 거리를 좁히지 못한다. '하나님을 사랑한다는 것은 내가 믿음 안에서 걸어가는 거야'라고 생각하기 때문이다. 행위중심적인 아버지를 가진 사람들은 하나님도 나에게 무언가를 항상 요구하신다고 생각한다. 사랑이 선물이 아니라 노력해서 얻는 것이라고 생각하는 것이다. 학대적인 아버지가 미치는 부정적인 영향은 말할 필요도 없다.

그런데 성경은 하나님에 대해 어떻게 말하는가? 그분은 우리를 버리지 않으시며, 우리의 머리카락까지도 세실 만큼 우리에 대해 관심을 가지고 계신 분이다.

잃은 양의 비유를 아는가? 내용은 간단하다. 한 목자가 백 마리의 양을 데리고 풀을 먹이다가 집에 돌아갈 시간이 되었다.

"자, 돌아가자. 어? 그런데 한 마리가 어디 갔지?"

목자는 아흔아홉 마리의 양을 남겨두고 한 마리를 찾아 온 들판을 헤맸고, 그 양을 찾아서는 집에 돌아와 잔치를 벌였다. 사실 나는 한 마리를 위해 아흔아홉 마리의 양들을 버려두고 간 목자가 잘 이해가 되지 않았다. 그런데 이 말씀을 이해할 수 있게 된 계기가 있다.

남편을 앞서 보내고 두 아들을 홀로 키운 권사님 한 분이 계셨다. 그런데 그만 큰아들이 교통사고로 세상을 떠나게 되었다. 그 권사님이 얼마나 기가 막혔겠는가. 장례를 치르는데 울며불며 정신을 차리지 못하셨다.

그런데 집사님들이 위로를 한답시고 "권사님, 어떻게 해요. 작은 아들을 보고서라도 위로를 받으세요"라고 했다. 그때 권사님이 이런 말을 하셨다.

"나한테 그런 말 하지도 마. 하나밖에 없는 큰아들이 죽었어. 그런데 내가 어떻게 위로를 받을 수 있어?"

권사님의 이야기를 들으며 아흔아홉 마리의 양을 두고 잃어버린 한 마리의 양을 찾아 떠났던 목자의 심정이 비로소 이해가 되기 시작했다. 목자에게 그 양은 세계에서 단 한 마리밖에 없는 양이었기 때문이다.

그 한 마리의 양이 바로 우리이다. 예수님이 이 땅 가운데 오신 것은 바로 한 사람, 나를 위해서라는 것이다. 하나님이 우리를 사랑하신다는 말씀에는 그 아들을 죽일 만큼 우리가 소중하고 가치 있다는 의미가 담겨 있다. 우리는 예수님만큼 가치 있는 존재이다.

"내가 너희를 얼마나 사랑하는지 아니? 내가 어떤 대가를 지불했는지….."

아버지의 재산을 가지고 떠난 탕자의 비유도 우리에게 아버지의 마음을 알려준다. 아버지는 말씀하신다.

"나는 너와 더 많이 시간을 보내고 더 친밀한 관계를 맺고 싶구나."

아들은 말한다.

"그건 됐고요, 은사 좀 주시고 능력 좀 주시고 돈도 좀 주세요. 저는 지금 그런 게 더 필요하거든요!"

그럼에도 아버지는 아들이 원하는 것을 주었다. 아들은 그것을 가지고 먼 나라로 떠나 자기가 가진 모든 것을 사용해서 살아가다 시간이 지나 가지고 있던 자원이 떨어지자 비참한 상황에 처하게 되었다. 그제야 생각한다.

'내가 하늘과 아버지께 범죄했구나! 아버지에게 돌아가자. 돌아가서 품꾼의 하나로 여겨달라고 하자.'

아들로 떠났던 그는 종으로 돌아가고자 했다. 자신의 정체성을 다 잃어버린 것이다. 자신을 의지하면서 살아가다 보니 이제 아버지가 있다는 것이 자기에게 어떤 의미가 있는지도 잘 모르게 된 것이다. 그나마 다행인 것은 아버지에게 돌아가기로 결단했다는 것이다.

그리고 멀리서 돌아오는 아들의 모습을 본 아버지는 뛰어와 아들을 끌어안고 기쁨으로 맞아준다. 그리고 외친다.

"내 아들이 죽었다가 살아났다!"

끊어졌던 관계가 다시 회복되었다는 말이다. 아버지와의 관계를 회복한 아들은 삶의 모든 것이 회복되는 은혜를 누리게 된다.

우리의 하늘 아버지는 아낌없이 주는 아버지이시다. 오래 참는 아버지이시다. 모든 것을 회복시켜주는 아버지이시다. 탕자와 같은 우리를 하나님 아버지는 날마다 기다리고 계신다. 그리고 우리가 자신의 범죄함을 인정하고 돌아서는 순간, 우리를 향해 뛰어오신다.

하나님은 우리가 자신을 의지하던 삶을 내려놓고, 육신의 아버지와의 관계에서 얻었던 상처에서 벗어나 온전하신 하나님 아버지의 사랑을 받아들이길 기다리신다. 그리고 그 사랑 안에 들어가 날마다 그 사랑을 누리며 살아가는 삶을 살게 되길 원하신다. 그럴 때 우리의 삶은 자유함을 얻고 평안과 기쁨 가운데 거하게 될 줄 믿는다.

마음 살리기

초판 1쇄 발행	2016년 1월 11일
지은이	윤종현
펴낸이	여진구
책임편집	1팀 │ 이영주, 김수미
편집	2팀 │ 최지설, 김나연 3팀 │ 안수경, 유혜림 4팀 │ 김아진
책임디자인	이혜영, 전보영 │ 마영애

기획 · 홍보	김영하	해외저작권	김나은
마케팅	김상순, 강성민, 허병용, 이기쁨	마케팅지원	최영배, 이명희
제작	조영석, 정도봉	경영지원	김혜경, 김경희

이슬비전도학교   최경식, 전우순   303비전성경암송학교   박정숙, 정나영, 정은혜
303비전장학회 & 303비전꿈나무장학회   여운학

펴낸곳	규장

주소   06770 서울시 서초구 매헌로 16길 20(양재2동) 규장선교센터
전화   02)578-0003   팩스   02)578-7332
이메일   kyujang0691@gmail.com   홈페이지   www.kyujang.com
트위터   twitter.com/_kyujang   페이스북   facebook.com/kyujangbook
등록일   1978.8.14. 제1-22

ⓒ 저자와의 협약 아래 인지는 생략되었습니다.
이 출판물은 저작권법에 의해 보호를 받는 저작물이므로 무단 전재와 무단 복제를 할 수 없습니다.

책값   뒤표지에 있습니다.
ISBN   978-89-6097-435-7   03230

규 │ 장 │ 수 │ 칙

1. 기도로 기획하고 기도로 제작한다.
2. 오직 그리스도의 성품을 사모하는 독자가 원하고 필요로 하는 책만을 출판한다.
3. 한 활자 한 문장에 온 정성을 쏟는다.
4. 성실과 정확을 생명으로 삼고 일한다.
5. 긍정적이며 적극적인 신앙과 신행일치에의 안내자의 사명을 다한다.
6. 충고와 조언을 항상 감사로 경청한다.
7. 지상목표는 문서선교에 있다.

하나님을 사랑하는 자 곧 그의 뜻대로 부르심을 입은 자들에게는 모든 것이 合力하여 善을 이루느니라(롬 8:28)

규장은 문서를 통해 복음전파와 신앙교육에 주력하는 국제적 출판사들의
협의체인 복음주의출판협회(E.C.P.A:Evangelical Christian Publishers
Association)의 출판정신에 동참하는 회원(Associate Member)입니다.